Joanna Maria Otto

Meister Eckhart und das Neue Denken

Joanna Maria Otto

Meister Eckhart und das Neue Denken

Das gegenwärtige Nun – die Einheit in Allem

Die Verbindung der Mystik Meister Eckharts,
der Körperdynamik der Alexander-Technik
und der Quantentheorie von David Bohm

crotona

1. Auflage 2023
Deutsche Originalausgabe
Crotona Verlag GmbH & Co.KG
Kammer 11 • 83123 Amerang
www.crotona.de

Umschlaggestaltung: Annette Wagner
unter Verwendung von 1923498377 – shutterstock.com

Druck: CPI Ebner & Spiegel • Ulm

ISBN 978-3-86191-269-9

Inhalt

Vorwort

Als ich vier Jahre lang als Nonne im Kloster lebte, bestand ein Teil der Ausbildung darin, zu lernen, im Hier und Jetzt zu leben, zu beten und zu arbeiten. Meister Eckhart schuf dafür den wundervollen Begriff des »gegenwärtigen Nun“.[1]

Es geht darum, bereits in diesem Leben Anteil am ewigen Leben zu haben.

Diese Ausbildung dauert noch an, auch wenn ich inzwischen wieder aus dem Orden ausgetreten bin. So schnell lernt man das in der Regel nämlich nicht, und der letzte Schritt kann sowieso nicht aus eigener Kraft gegangen werden, sondern ist immer ein Geschenk. Wir sind also oft lebenslang unterwegs, um diesen Weg zu gehen. Er lohnt sich aber. Denn hier geht es nicht „bloß“ um den Weg zu Gott, sondern vor allem auch um einen Weg zu den Menschen und zu sich selbst. Diese drei Dinge gehören stets zusammen. Das gilt für alle Menschen und nicht bloß für religiöse. Es geht um die wahrhaftige Begegnung mit mir selbst, mit den anderen und damit auch mit Gott, ob ich es nun weiß und will oder nicht. Es geht darum, alles so zu nehmen, wie es ist.

---

1 Meister Eckhart, Deutsche Predigten und Traktate, Herausgegeben und übersetzt von Josef Quint, Diogenes Verlag, 1979, Predigt 1 (S. 155), Predigt 2 (S. 159, 160), Predigt 11 (S. 204, 206) und Predigt 12 (S. 210)

„Es ist, was es ist, sagt die Liebe“[2], wie es Erich Fried in seinem Gedicht ausdrückte.

Wir neigen aber dazu, die Dinge und auch die Menschen so zu betrachten und haben zu wollen, wie wir sie gerne hätten. Dabei tun wir nicht nur den Menschen Unrecht, wir verpassen auch die Bereicherung der echten Begegnung. Was aber für eine echte Begegnung nötig ist, ist ein Zurücktreten von sich selbst und seinen Meinungen und stattdessen ein Offensein für das Neue, Lebendige. Das erfordert ein Loslassen aller Konzepte und Gewohnheiten, also auch ein Loslassen von allem, was uns Sicherheit vorgaukelt. Dabei lassen wir aber auch alles los, was uns einengt oder sogar hetzt und unter Druck setzt, denn oft genug begegnen wir dabei auch unserem eigenen Leistungsdruck und den vermeintlichen Erwartungen anderer, die wir meinen, erfüllen zu müssen. Es ist also ein Weg, der sich lohnt. Ein Weg der echten Begegnung und der Freiheit.

„Die Wahrheit wird Euch frei machen“[3], heißt es im Johannes-Evangelium.

Dieser Satz steht in großen Buchstaben an der Universität Freiburg, und ich habe ihn im Vorbeigehen zigmal gelesen und bewundert, lange bevor ich das Johannes-Evangelium kennenlernte.

Dieser Satz beschäftigte mich auch während meiner Ausbildung zur Lehrerin der F.M. Alexander-Technik, während der ich mit

2 https://www.zitate.eu/autor/erich-fried-zitate/89377, 04.09.2021, 11:35
3 Einheitsübersetzung der Heiligen Schrift, Katholische Bibelanstalt GmbH, 1980, Johannes 8,32

meinen eigenen Gewohnheiten und Konzepten kämpfte und mir oft genug selbst im Weg stand.

Als ich dann Meister Eckharts Schriften kennenlernte und mich als Novizin aufmachte, alles loszulassen, um Gott zu finden, fand ich natürlich auch manches Schwere und vieles, für das ich mich schämte.

Doch hielt ich daran fest, dass es in der Schule der Kontemplation nichts gibt, was es nicht geben darf, sondern dass alles so sein darf, wie es ist, weil alles in Gott ist und Gott uns frei macht, wenn wir ihm bereitwillig offenbaren, wie es in unserem Herzen aussieht, und ihm dort begegnen, wo er ist.

Die Wirklichkeit ist das, was wir wahrnehmen, wenn wir aufhören, in Schubladen zu denken, und selbst zu bestimmen, wie sie aussehen soll. Diese Wirklichkeit ist lebendig und kreativ, mit allem verbunden im Hier und Jetzt.

Ich werde Ihnen dazu auch Texte und Gedanken des Quantenphysikers David Bohm vorstellen, der es wohl wie kein anderer verstand, über die Grenzen der Physik hinauszusehen und einzutauchen in die mystische Dimension der Naturwissenschaft und der Wirklichkeit selbst.

Bevor ich mich aber mit Ihnen als Leser oder als Leserin auf die Reise mache, um dem gegenwärtigen Nun auf die Spur zu kommen, möchte ich Ihnen etwas an Hintergrundinformation über die drei wichtigsten Personen geben, die uns auf dieser Reise begleiten werden:

1) Meister Eckhart, deutscher Dominikanermönch und Mystiker (13. Jahrhundert)

2) Frederik Matthias Alexander, australischer Pionier in Sachen ganzheitlichem Menschenbild und bewusstem Umgang mit sich selbst (19. Jahrhundert)

3) David Bohm, amerikanischer Quantenphysiker und Philosoph (20. Jahrhundert)

Ich will versuchen, Ihnen darzulegen, wer die Menschen selbst und was ihre wichtigsten Erkenntnisse waren, um dann über die ganz praktische Anwendung in unser aller alltäglichem Leben im Hier und Jetzt zu schreiben, so dass es freier und erfüllter werden kann, nämlich so, wie es eigentlich ist.

Nun freue ich mich darauf, mich mit Ihnen immer wieder neu auf diese Reise zu machen, um im ewigen Leben im Hier und Jetzt anzukommen, bei mir selbst, bei den Mitmenschen und bei Gott.

Joanna Otto, 2023

Der Hintergrund

Meister Eckhart und seine Mystik

Eckhart von Hochheim wurde um 1260 geboren und lebte bis 1328. Als junger Mann war er in den noch relativ jungen Orden der Dominikaner oder auch Predigerbrüder eingetreten, der im Jahr 1216 vom nur knapp 20 Jahre später heiliggesprochenen Dominikus in Südfrankreich gegründet worden war. Da jedoch Dominikus seine Brüder sehr bald an alle damals wichtigen Universitäten geschickt hatte, hatte sich der Orden schnell auch in Italien und Deutschland ausgebreitet, wo Eckhart in Thüringen in den Erfurter Konvent eintrat. Der Orden hatte kurz zuvor große Gelehrte wie Albertus Magnus (um 1200 bis 1280) und Thomas von Aquin (um 1225 bis 1274) hervorgebracht, von deren Lehre auch Eckhart profitiert hatte. Schon bald war er Prior von Erfurt und unterwies seine Brüder mit Tischlesungen, die später als „Reden der Unterweisung“ zusammengestellt wurden. Im Studium in Paris erhielt er den Magister-Titel und wurde fortan als „Meister Eckhart“ zunächst Provinzial der neu gründeten sächsischen Provinz. Er lehrte später an der Universität in Paris und hatte schließlich in Köln im Studium Generale den Lehrstuhl seines Vorgängers Albert des Großen inne.

In der Einleitung zur Sammlung seiner Predigten und Traktate von Josef Quint heißt es:

> „Der erste Dominikaner-Prediger, dessen hinterlassener mystischer deutscher Predigtschatz uns im großen Umfang überliefert und greifbar ist, ist zugleich der deutschen Mystik beredtster Verkündiger, ist ihr bei Weitem überragender Geist und ihr tiefster Denker, ihr einziger wirklich schöpferisch begabter, spekulativer Kopf: Meister Eckhart. Nur weniges ist uns über seinen äußeren Lebensgang bekannt, dessen Daten bis zur Höhe des reifen Mannesalters nur unsicher erschlossen werden können. Aber diese wenigen äußeren Daten sind Marksteine des meteorhaften Aufstiegs eines Großen und eines düsteren Missgeschicks, das jäh über seinen Lebensabend hereinbrach."[4]

Um zu verstehen, wie es zu diesem jähen Ende kam, greife ich hier noch eine Schilderung Quints auf:

> „Schon im Jahre 1314 finden wir Eckhart in Straßburg als Leiter des dortigen Dominikaner-Konventes im Zentrum der zu kräftigem Leben erblühten deutschen Mystik als ihren unbestrittenen und schwärmerisch verehrten geistigen Führer. Hier in Straßburg hat der Meister als weit über die deutschen Grenzen hinaus gefeierter Prediger im Zenit seines Ruhmes und seines erfolggekrönten Wirkens gestanden. Sicher ist ein großer Teil seiner so aufwühlenden, ja aufreizenden Predigten während der Straßburger Zeit in den vielen Frauenklöstern des oberen Rheintals als den eigentlichen Pflanzstädten und Zentren mystischen Geistes

4 Meister Eckhart, Deutsche Predigten und Traktate, Herausgegeben und übersetzt von Josef Quint, Diogenes Verlag, 1979, S. 12

> und Lebens gehalten und erstmalig nach dem gesprochenen Wort in Nachschriften seiner Hörerinnen mehr oder weniger verständnisvoll oder unzulänglich und fehlerhaft aufgezeichnet worden."[5]

So wurde Eckhart im Zuge der Verfolgung der damals weit verbreiteten Sekten beschuldigt, in der Sprache des einfachen Volkes Ansichten zu predigen, die dem Glauben widersprechen, und der Erzbischof von Köln eröffnete im Jahr 1326 ein Inquisitionsverfahren gegen ihn. Man legte Eckhart eine Vielzahl von Stellen aus seinen Predigten und Traktaten zur Stellungnahme vor und klagte ihn an, darin pantheistische Ansichten zu vertreten, also eine Auffassung, dass Gott eins mit der Natur ist und in allen Dingen gefunden werden kann. Da hier der persönliche Gottesbegriff des Christentums fehlte, hielt die Kirche derartige Ansichten für häretisch. Eckhart hatte zwar nie vor, sich gegen die Kirche zu stellen, predigte aber, wovon er aus tiefster Seele überzeugt war, und das war die Einheit mit Gott in allem. Seine Ansichten waren keinesfalls pantheistisch, da er durchaus einen persönlichen Gottesbegriff bejahte, wenn er auch jegliches Bild oder jegliche Vorstellung von Gott ablehnte. Diesen Gott nannte er selbst ganz nach der Trinitätslehre häufig Jesus Christus und betonte auch die Einheit mit dem Vater. Doch der Kirche war seine tiefe mystische Aussage wohl sehr suspekt, und vermutlich fürchtete sie auch, an Macht zu verlieren, wenn jedem Menschen laut Eckhart diese tiefste Einheit mit Gott – ohne Vermittlung durch die Kirche – zur Verfügung stünde. Eckhart war jedoch einerseits von seinem mystischen Erleben so ergriffen und überzeugt, dass er von nichts an-

5 Ebenda, S. 15-16

derem hätte predigen können, und sich gleichzeitig auch bewusst, dass ihn nicht jeder verstehen konnte, wenn er diese Erfahrung nicht teilte. Andererseits hätte er nie absichtlich und bewusst etwas gepredigt, das der Kirche widersprochen hätte. So verteidigte er sich ganz selbstbewusst. Im Zuge seines sich hinziehenden Prozesses wendete er sich an den Papst und auch an das Volk in Köln. Quint schreibt dazu:

> Seine „Erklärung lässt er zunächst durch Konrad von Halberstadt (einen Mitbruder, Anmerkung der Autorin) in lateinischer Sprache von der Kanzel herab verlesen und übersetzt sie dann Satz für Satz ins Deutsche. Feierlich ruft er darin Gott zum Zeugen dafür an, dass er in seinem ganzen Leben jeden Irrtum im Glauben und jeden Verstoß gegen die Sittlichkeit nach Kräften gemieden habe. Sollte es daher jemandem gelingen, so erklärt er, ihm einen Irrtum nachzuweisen, den er geschrieben, gesprochen oder gepredigt habe, öffentlich oder geheim, wo und wann immer, direkt oder indirekt, so widerrufe er das Gesagte vor dem Volk.“[6]

Diese Erklärung hätte eigentlich an die päpstliche Untersuchungskommission weitergeleitet werden sollen. Da dies aber nicht geschah, machte sich Eckhart selbst nach Avignon auf. Die Anzahl der verurteilten Sätze wurde schließlich stark reduziert, jedoch wurden am Ende in einer päpstlichen Bulle 17 Sätze als häretisch und 11 als der Häresie verdächtig verurteilt. Eckhart starb noch vor der Verkündigung dieses Urteils. Durch seine vorherige Aussage galt aber sein Widerruf für diese Sätze. Sie sind nun in der Ge-

6 Ebenda, S. 17

samtausgabe seiner Predigten von Quint aufgeführt, und wenn man sie so einzeln liest, kann man verstehen, warum sie der Kirche ein Dorn im Auge waren. Eckharts tiefe Einheit mit Gott ging so weit, dass er sogar davon sprach, dass man auch im Übel, in Schmähung, Lästerung, Schuld und Sünde Gott findet und lobt.[7] Außerdem betonte Eckhart die Einheit mit Gott so stark, dass er sagte, dass wir ebenso Anteil an ihm hätten wie sein Sohn und als Sohn Gottes ebenso geboren würden (z.B. in Predigt 4, 7, 29, 35, 43)[8] und sogar am Akt der Schöpfung teilhätten (z.B. in Predigt 23).[9]

Da es niemals seine Absicht war, etwas gegen den wahren und rechten Glauben auszusagen, sondern er lediglich wesentlich tiefer geschaut hatte, gelten diese Sätze nun zwar offiziell als zurückgenommen, Eckharts Einsicht, Weit- und Tiefsicht bleibt jedoch unbestritten, und er gilt zurecht als Lehr- und Lebensmeister, da seine Predigten und Anweisungen eine wahre Fundgrube auch noch für den heutigen Menschen darstellen.

Ich will hier kurz ein paar Grundzüge seiner Mystik skizzieren.

7 Siehe ebenda, Bulle Johannes XXII., 4.-6., S. 450
8 Siehe ebenda, S. 172, 185, 292-293, 317, 358
9 Siehe ebenda, S. 258

Die Abgeschiedenheit

Ein Hauptthema seiner Predigten und Anweisungen war die Abgeschiedenheit, die für ihn die höchste der Tugenden darstellte. Er meinte damit keinesfalls einen entlegenen Ort, sondern das Ergebnis eines Tuns. In diesem Sinn kommt uns dies vielleicht höchstens aus der Wissenschaft etwas bekannt vor, wo Stoffe voneinander geschieden werden sollen oder wenn zum Beispiel ein Fettabscheider in einer Spülküche zum Einsatz kommt. Eckhart meinte damit eine Trennung und Befreiung von allem, was einem auf dem Weg zu Gott im Weg steht. Das ist erst einmal nicht verwunderlich, da Askese ja bereits ein lang erprobtes Mittel in der religiösen Praxis war. Besonders daran ist, dass es Eckhart nicht auf die faktische Trennung von den Dingen oder tatsächliche Armut ankam, sondern auf die innere Einstellung. Er sagte dazu:

> „Wir sollen vielmehr alle Dinge (nur so) haben, als ob sie uns geliehen seien und nicht gegeben, ohne jeden Eigenbesitz, es sei Leib oder Seele, Sinne, Kräfte, äußeres Gut oder Ehre, Freunde, Verwandte, Haus, Hof und alle Dinge.“[10]

In seiner Rede „Von der Abgeschiedenheit und vom Besitzen Gottes“ sagte er:

> „Dies kann der Mensch nicht durch Fliehen lernen, indem er vor den Dingen flüchtet und sich äußerlich in die Einsam-

10 Ebenda, Reden der Unterweisung 23, S. 96

> keit kehrt; er muss vielmehr eine innere Einsamkeit lernen, wo und bei wem er auch sei."[11]

Dies war Eckhart, der als Prediger viel unterwegs war und auch scheinbar „abgeschiedene" Nonnen in Frauenklöstern betreute, besonders wichtig. Er hielt auch nichts von der in seinen Augen eigennützigen Suche nach frommen Visionen und dem innigen Gefühl. Er unterscheidet scharf zwischen einem ‚Wesen' der Liebe und einem ‚Werk' der Liebe, indem er sagt:

> „Nun fragst du: ‚Wie könnte ich die Liebe haben, solange ich sie nicht empfinde noch ihrer gewahr werde, wie ich es an vielen Menschen sehe, die große Werke aufzuweisen haben und an denen ich große Andacht und wunders was finde, wovon ich nichts habe?' Hier musst du zwei Dinge beachten, die sich in der Liebe finden: Das eine ist das Wesen der Liebe, das andere ist ein Werk der Liebe oder ein Ausbruch der Liebe. Die Stätte des Wesens der Liebe ist allein im Willen; wer mehr Willen hat, der hat auch mehr Liebe. (...) Nun gibt's aber noch ein zweites: das ist ein Ausbruch und ein Werk der Liebe. Das sticht recht in die Augen, wie Innigkeit und Andacht und Jubilieren, und ist dennoch allwegs das Beste nicht; denn es stammt mitunter gar nicht von der Liebe her, sondern es kommt bisweilen aus der Natur, dass man solches Wohlgefühl und süßes Empfinden hat, oder es mag des Himmels Einfluss oder auch durch die Sinne eingetragen sein; und die dergleichen öfter erfahren, das sind nicht allweg die Allerbesten. Denn sei's auch, dass

11 Ebenda, Reden der Unterweisung 6, S. 61

es wirklich von Gott stamme, so gibt unser Herr das solchen Menschen, um sie zu locken oder zu reizen und auch wohl, auf dass man dadurch von anderen Menschen recht ferngehalten wird. Wenn aber diese selben Menschen hernach an Liebe zunehmen, so mögen sie leicht nicht mehr so viel Gefühle und Empfindungen haben, und daran erst wird ganz deutlich, dass sie Liebe haben: wenn sie (auch) ohne solchen Rückhalt Gott ganz und fest die Treue bewahren.“[12]

Und so führt für ihn der Weg der inneren Abgeschiedenheit stets nicht nur zu Gott, sondern in ihm wieder zu den Menschen. So schrieb er:

„Wäre der Mensch so in Verzückung, wie's Sankt Paulus war, und wüsste einen kranken Menschen, der eines Süppleins von ihm bedürfe, ich erachtete es für weit besser, du ließest aus Liebe von der Verzückung ab und dientest dem Bedürftigen in größerer Liebe.“[13]

12 Ebenda, Reden der Unterweisung 10, S. 66-67
13 Ebenda, S. 67

Die Gelassenheit

Durch die Abgeschiedenheit kommen wir zur Gelassenheit, ein Wort, das Eckhart im Mittelalter überhaupt erst schuf. Es geht hier nicht primär um Gemütsruhe, wie wir das Wort heute verstehen, sondern um das Ergebnis eines Loslassens; eines radikalen Loslassens von Besitz, Eigenwillen, Vorstellungen und Bildern und allem, was uns auf dem Weg zu Gott hindern könnte. Dabei geht es ihm eben nicht nur um eine Vorstellung von Gott oder ein frommes Sich-Hinwenden-zu Gott. Es geht ihm stets um die Begegnung und die Einheit mit Gott, so wie Gott ist. Er schrieb:

> „Der Mensch soll sich nicht genügen lassen an einem gedachten Gott; denn wenn der Gedanke vergeht, vergeht auch der Gott. Man soll vielmehr einen wesenhaften Gott haben, der weit erhaben ist über die Gedanken des Menschen und aller Kreatur.“[14]

Auf dem Weg zur Einheit mit diesem wesenhaften Gott seien wir jedoch selbst „die Ursache aller Hindernisse“.[15] So war ihm stets am wichtigsten, auch sich selbst zu lassen:

> „Richte dein Augenmerk auf dich selbst, und wo du *dich* findest, da lass von Dir ab; das ist das Allerbeste.“[16]

14 Ebenda, Reden der Unterweisung 6, S. 60
15 Ebenda, Predigt 5, S. 177
16 Ebenda, Reden der Unterweisung 3, S. 56

Das mutet uns vielleicht komisch an. Wie soll man denn sich selbst lassen können? Entscheidend ist hier das Ego, also alles das, wo wir selbst nach Ansehen, Anerkennung, Ruhm, Besitz, Reichtum, Macht und was auch immer streben. Eckhart ließ es, ganz in der Tradition seines Ordensvaters Dominikus nicht mit der materiellen Armut bewenden, sondern richtete seinen Blick vor allem auf die geistige, innere Armut. Während Dominikus aber diese Armut durch Bildung bekämpfen wollte, um die Menschen von sektenhaften Lehren wieder zur frohen Botschaft zu bekehren, suchte Eckhart die Armut als inneren Zustand der Leere, der Gelassenheit und Abgeschiedenheit, um dort Gott zu begegnen. Er meinte damit natürlich auch nicht die Armut, die aus Unkenntnis herrührt, sondern die Armut, die durch das Lassen entsteht, wir könnten auch sagen durch das Aufgeben des Egos. Und so schrieb er:

> „Das ist ein armer Mensch, der nichts will und nichts weiß und nichts hat.“[17]

Das steigerte er in seiner Predigt 13 nur noch, indem er sagte, dass wir auch „Gott um Gottes Willen lassen sollen“.[18] Er sprach dazu über Paulus und erklärte:

> „Er ließ alles, was er von Gott nehmen konnte, und ließ alles, was Gott ihm geben konnte, und alles, was er von Gott empfangen konnte. Als er dies ließ, da ließ er Gott um Gottes willen, und da *blieb* ihm Gott, so wie Gott in sich

17 Ebenda, Predigt 32, S. 303
18 Ebenda, Predigt 13, S. 214

> selbst seiend ist, nicht in der Weise seines Empfangen- oder Gewonnenwerdens, sondern in der Seinsheit, die Gott in sich selbst ist."[19]

Eckhart wurde nicht müde, in immer neuen Bildern zu betonen, dass Gott gar nicht anders kann, als sich mit uns zu vereinen, wenn wir ihm nur den Raum dazu lassen und mit nichts anderem ausfüllen, und bezog sich damit vermutlich auf den Aristoteles zugesprochenen Satz, dass die Natur ein Vakuum verabscheut. Er sprach unter anderem von einem „gerechten Handel und einem gleichwertigen Austausch" [20] und beschrieb dies als Vertreter der Scholastik mit so eindeutig logischen sprachlichen Formulierungen, dass selbst das einfachste Gemüt verstehen müsste, dass es nur so sein kann:

> „Wo der Mensch in Gehorsam aus seinem Ich herausgeht und sich des Seinen entschlägt, ebenda muss Gott notgedrungen hinwiederum eingehen."[21]

> „Geh völlig aus dir selbst heraus um Gottes willen, so geht Gott völlig aus sich selbst heraus um deinetwillen. Wenn diese beiden herausgehen, so ist das, was da bleibt, ein einfaltiges Eins."[22]

19 Ebenda, S. 214-215
20 Ebenda, Reden der Unterweisung 23, S. 95
21 Ebenda, Reden der Unterweisung 1, S. 53
22 Ebenda, Predigt 6, S. 181

Ein einfaltiges Eines

Hier ist wichtig zu betonen, dass Eckhart natürlich kein „einfältiges“ Eines meinte. Mit dieser Einfaltigkeit meinte er die absolute Einheit mit Gott, wo alles zusammenfällt, quasi zusammengefaltet ist zu einem, und er benutzte diesen Begriff vermutlich auch in Abgrenzung zum Begriff der Dreifaltigkeit Gottes. Eckhart verneinte diese zwar nicht, und sprach oft genug von der Beziehung von Gott Vater zum Sohn, jedoch ging er mit seiner mystischen Beschreibung der Einheit mit Gott über diesen Begriff hinaus und in die absolute Einheit, die er als ‚einfaltiges Eines‘ bezeichnete. In seiner Predigt 2 beschrieb er den Grund der Seele, den edelsten und höchsten Teil der Seele, an dem der Mensch mit Gott eins ist. Diesen Grund nannte er auch „Bürglein“, „Kraft im Geiste“, „Fünklein“ oder „Licht“. Eckhart rang um die Worte und Bilder, in denen er seine eigene tiefste Erfahrung der Vereinigung mit Gott und seine Ergriffenheit schildern konnte. Einerseits war er radikal gegen jedes Bild, das wir uns von Gott machen, und andererseits musste er natürlich doch selbst in Bildern und Gleichnissen sprechen. Er fand dazu immer wieder neue Bilder und schließlich geradezu „Nicht-Bilder“, indem er nur noch von „weder dies noch das“ sprach und sagte:

> „Trotzdem ist es ein Etwas, das ist erhabener über dies und das als der Himmel über der Erde. (...) Es ist von allen Namen frei und aller Formen bloß, ganz ledig und frei, wie Gott ledig und frei ist in sich selbst. Es ist so völlig eins und

> einfaltig, wie Gott eins und einfaltig ist, so dass man mit keinerlei Weise dahinein zu lugen vermag.“[23]

Der Seelengrund ist also unfassbar kostbar und ganz und gar geheim, ja geradezu auch vor einem selbst geheim, solange man sich im Alltag mit seinen Begriffen und Trennungen verzettelt. Er ist so geheim, dass selbst Gott als Begriff oder als Person dort keinen Zutritt hat, wie Eckhart schrieb:

> „So ganz eins und einfaltig ist dies Bürglein und so erhaben über alle Weise und alle Kräfte ist dies einige Eine, dass niemals eine Kraft oder eine Weise hineinzulugen vermag noch Gott selbst. (…) Gott selbst wird niemals nur einen Augenblick da hineinlugen und hat noch nie hineingelugt, soweit er in der Weise und ‚Eigenschaft‘ seiner Personen existiert. (…) Soll Gott je darein lugen, so muss es ihn alle seine göttlichen Namen kosten und seine personhafte Eigenheit; das muss er allzumal draußen lassen, soll er je darein lugen. Vielmehr, so wie er einfältiges Eins ist, ohne alle Weise und Eigenheit, so ist er weder Vater noch Sohn noch Heiliger Geist in diesem Sinne und ist doch ein Etwas, das weder dies noch das ist. Seht, so wie er eins und einfaltig ist, so kommt er in diese Eine, das ich da heiße Bürglein in der Seele, und anders kommt er auf keine Weise da hinein; sondern nur so kommt er da hinein und ist darin. Mit dem Teile ist die Seele Gott gleich und sonst nicht.“[24]

23 Ebenda, Predigt 2, S. 163
24 Ebenda, S. 164

Dies ist ein wichtiger Punkt, der vermutlich bei seiner Verurteilung nicht klar genug abgegrenzt worden ist. Der Mensch ist nicht Gott, ist auch nicht Gottes Sohn. Und auch nicht Gott gleich. Nur dieser edelste Teil der Seele, der unmittelbar von Gott stammt, erkennt Gott und ist ihm gleich.

Die Gottesgeburt in der Seele

Damit kommen wir zum wichtigsten Thema von Eckharts Theologie, zu dem alle anderen hinführen: Die Gottesgeburt am Grunde der Seele. Eckhart schrieb:

> „Gott erschafft die Welt und alle Dinge in einem gegenwärtigen Nun, und die Zeit, die da vergangen ist vor tausend Jahren, die ist Gott jetzt ebenso gegenwärtig und ebenso nahe wie die Zeit, die jetzt ist. Die Seele, die da steht in einem gegenwärtigen Nun, in die gebiert der Vater seinen eingeborenen Sohn, und in derselben Geburt wird die Seele wieder in Gott geboren. Das ist *eine* Geburt: so oft sie (= die Seele) wiedergeboren wird in Gott, so oft gebiert der Vater seinen eingeborenen Sohn in sie.“[25]

Er wusste sehr wohl um die Ungeheuerlichkeit seiner Aussage, wusste vielleicht auch, dass er sich damit in Gefahr brachte, und konnte doch nicht anders:

25 Ebenda, Predigt 11, S. 206

> „Könntet ihr mit meinem Herzen erkennen, so verstündet ihr wohl, was ich sage; denn es ist wahr, und die Wahrheit sagt es selbst."[26]

Man muss seine dichte Sprache Satz für Satz auf sich wirken lassen und lauschen, ob seine Worte in Resonanz mit dem eigenen Herzen gehen; denn rein intellektuell erfassen lassen sie sich nicht. So sagte er selbst in seiner Predigt 32:

> „Wer diese Rede nicht versteht, der bekümmere sein Herz nicht damit. Denn solange der Mensch dieser Wahrheit nicht gleicht, solange wird er diese Rede nicht verstehen."[27]

26 Ebenda, Predigt 2, S. 163
27 Ebenda, Predigt 32, S. 309

Frederik Matthias Alexander und die bewusste Kontrolle des Selbst

Viele Jahrhunderte nach Meister Eckhart wurde Frederik Matthias Alexander im Jahr 1869 in Australien geboren. Er war Schauspieler und rezitierte vor allem Shakespeare auf der Bühne. Er litt jedoch unter starker Heiserkeit bis hin zu Stimmverlust, die kein Arzt behandeln konnte. Selbst wochenlanges Schweigen brachte keine Besserung. Die Ärzte waren ratlos, Alexander jedoch kreativ. Er fragte seinen Arzt, ob es nicht sein könne, dass er selbst irgendwie seine Beschwerden verursache. Ihm war nämlich aufgefallen, dass er im Pub beim Gespräch mit seinen Freunden bei Weitem nicht so heiser wurde wie auf der Bühne. Da die Ärzte damals von derlei ganzheitlichen Zusammenhängen noch nie gehört hatten und sein Arzt ihm seine Frage nicht beantworten konnte, machte er sich auf einen langen Weg der Forschung, mit sich selbst als Versuchskaninchen. Er stand jahrelang vor dem Spiegel und beobachtete sich selbst beim Rezitieren: seine Haltung, seine Atmung und seine Körperspannung. Seine dabei aufgewandte Selbstdisziplin und seine daraus resultierende Erkenntnis waren bemerkenswert. Er war dabei bei Weitem nicht nur von seinem eigenen Leid angespornt, das er überwinden wollte. Er war auch geradezu besessen davon, dieses Forschungsgebiet, was sich ihm da auftat, zu ergründen. Obwohl Alexander Laie und kein Wissenschaftler war, wurde er in der Nobelpreisrede des Verhaltensbiologen Prof. Nikolaas Tinbergen im Jahr 1974 mit der Aussage gelobt, dass „ein Mann ohne medizinische Ausbildung eine der wahrhaft großartigen Beschreibungen von medizinischer Forschung und Praxis“[28] gibt.

Alexanders Weg war hart und steinig, und er stieß auf große Schwierigkeiten darin, seine Gewohnheiten zu verändern. Er schrieb rückblickend über seinen Weg:

> „Wenn sich jemand je in einer Sackgasse festgefahren hatte, war ich es.“[29]

Er war schockiert darüber, wie sehr er sich selbst in seiner Funktionsweise störte, und brachte dies als Shakespeare-Fan folgendermaßen zum Ausdruck:

> „‘Welch ein Meisterwerk ist der Mensch! Wie edel durch Vernunft! Wie unbegrenzt an Fähigkeiten! In Gestalt und Bewegung wie bedeutend und wunderwürdig! Im Handeln wie ähnlich einem Engel! Im Begreifen wie ähnlich einem Gott! Die Zierde der Welt! Das Vorbild der Lebendigen!‘ (Hamlet II,2). Diese Worte schienen nun doch im Widerspruch zu dem zu stehen, was ich an mir selbst und anderen entdeckt hatte. Denn was könnte weniger ‚edel durch Vernunft‘, weniger ‚unbegrenzt an Fähigkeiten‘ sein als der

28 F. M. Alexander: Der Gebrauch des Selbst, Karger Verlag, 2001, Klappentext
29 Ebenda, S. 14

> Mensch, der seinen Möglichkeiten zum Trotz im Gebrauch seiner selbst so schwere Fehler begeht und damit seine normalen Funktionsmechanismen so sehr beeinträchtigt, dass er mit allem, was er in Angriff nimmt, diese schädlichen Voraussetzungen fortwährend verschlimmert.“[30]

Doch schließlich wurde seine Mühe belohnt. Er hatte nicht nur sich selbst von seinen Problemen befreit, sondern unterwies schnell andere Menschen darin, sich selbst bei allem, was sie tun wollten, besser zu gebrauchen und ihre Gesundheit zu verbessern. Er lebte und unterrichtete lange Zeit in London, in einer Zeit, in der es noch keinesfalls üblich und sogar unschicklich war, das Wort „Body“ überhaupt auszusprechen, und schuf ein ganz neues Verständnis von der Einheit von Körper und Geist, indem er immer wieder betonte, dass es keine „Tätigkeit“ gäbe, die entweder rein „geistig“ oder rein „körperlich“ sei. Gleichzeitig war er – vielleicht wirklich durch den Text Shakespeares – absolut überzeugt davon, dass der Mensch dazu in der Lage ist, sein Tun bewusst zu steuern und dabei größtmögliche Leichtigkeit und Anmut an den Tag zu legen. Meine Alexander-Technik-Kollegin und gute Freundin Rosa Luisa Rossi hat die Bedeutung von Alexanders Arbeit anhand seiner vier Buchtitel („Man's Supreme Inheritance“, „Constructive Conscious Control of the Individual“, „The Use of the Self“ und „Universal Constant in Living“ sehr passend zusammengefasst:

> „Des Menschen höchstes Erbe ist seine Fähigkeit der konstruktiven, bewussten Kontrolle (Steuerung) im Gebrauch

30 Ebenda, S. 15

> von sich selbst, eingebunden in die Universelle Gesetzmäßigkeit des Lebens.“[31]

Alexanders Unterricht bestand in einem Bewusstmachen der alten Gewohnheiten, einem Innehalten, einem neuen Plan, einem Verlernen der alten Pfade und Schaffen neuer Handlungsmuster. Seine Einsicht und Arbeit sind neurobiologisch wirklich sehr beeindruckend und mit der Plastizität des Gehirns erklärbar. Als Alexander in hohem Alter einen Schlaganfall erlitt, hat er sich durch seine Aufmerksamkeit und Disziplin im Selbst-Gebrauch komplett von den Folgen erholt. Er starb im Jahr 1955 in London.

Der amerikanische Philosoph und Pädagoge Professor John Dewey, der sich um die Wende vom 19. zum 20. Jahrhundert intensiv mit dem Stand der modernen Naturwissenschaften auseinandersetzte, schrieb das Vorwort zu Alexanders drittem Buch „Der Gebrauch des Selbst“ und erklärte:

> Alexander hat „die Erkenntnisse der Naturwissenschaften auf eine Weise abgerundet, dass sie schließlich zum Nutzen der Menschheit verwendet werden können.“[32]

Dabei betrachtete er nicht nur den einzelnen Menschen, der für sich selbst eine Verbesserung seiner Gesundheit erhalten könne, sondern auch die Entwicklung der gesamten Menschheit gerade in dieser Zeitenwende des technischen Fortschritts und der Industrialisierung. Dewey schrieb weiter:

---

31 Rosa Luisa Rossi, 2008, mündliche Mitteilung

32 F. M. Alexander: Der Gebrauch des Selbst, Karger Verlag, 2001, Vorwort, S. XIV

> „Wie jedermann weiß, hat die wissenschaftliche Technik logischerweise die Kontrolle über jene Energien, auf die sie sich bezieht. (…) Wir sehen uns jedoch einer ernsten, vielleicht sogar tragischen Situation gegenüber. Allseits machen sich zunehmend Zweifel breit, ob die Beherrschung jener physikalischen Energien für das menschliche Wohlergehen auch förderlich sei oder ob das Glück des Menschen durch sie zerstört werde. Letztlich gibt es nur einen sicheren Weg, diese Frage in einem konstruktiven und hoffnungsvollen Sinne zu beantworten: Wenn eine Technik entwickelt werden könnte, die den einzelnen Menschen wirklich befähigen würde, den richtigen Gebrauch seiner selbst zu sichern, dann wäre der Faktor, von dem der Gebrauch aller anderen Energieformen abhängt, unter Kontrolle gebracht. Alexander hat diese Technik entwickelt."[33]

Angesichts der vielfältigen Krisen der Welt ist diese Aussage vermutlich aktueller denn je, und es denken zum Glück immer mehr Menschen darüber nach, wie die Menschheit dazu gebracht werden könnte, achtsam, nachhaltig, konstruktiv und liebevoll mit sich und ihrer Umwelt umzugehen.

---

33 Ebenda

Die bewusste Handlungskontrolle

Die Grundbegriffe der Alexander-Technik sind aus neurobiologischer Sicht recht schnell erklärt. Viele Alexander-Technik-Lehrer mischen sie zwar in der Anwendung mit diversen esoterischen Methoden, jedoch ist sie an sich ein schlichter Unterricht darin, wie man schädliche Gewohnheiten verlernt und neue Handlungsmuster aufbaut, wie man sich also die Plastizität des Gehirns und die eigene bewusste Handlungskontrolle zunutze macht. Dass dies Übung und vor allem Wiederholung braucht, dürfte jedem klar sein. Man schafft eben eine neue Verknüpfung nicht über Nacht und erst recht nicht, wenn man die alten trotzdem weiterhin benutzt.

Alexanders grundlegende Erkenntnis bestand darin, dass er selbst etwas tat (zunächst ihm unbewusst), was seinen natürlichen physiologisch korrekten Umgang mit sich selbst störte. Ihm ging im Verlauf seiner Arbeit auf, dass sich kleine Kinder durchaus noch ausbalanciert und angemessen bewegen können. Dadurch, dass unser aller Leben aber von sehr viel Stress, hohen Ansprüchen, Reizüberflutung und resultierender Überforderung geprägt ist, koordinieren sich die meisten Menschen nicht mehr adäquat. Dies äußert sich primär in einem Zusammenziehen im Nacken, was als Schutzinstinkt in uns allen steckt und jedem einleuchten wird. Dazu kommt häufig ein falsches Körperbild, das wir uns unbewusst angeeignet haben, und das dann leider die Oberhand hat. Hier kommt nämlich ein erstaunliches, aber logisches Phänomen zum Tragen: die Vorstellung regiert über die Materie. Der gedachte Befehl steuert die Muskulatur. Wenn ich glaube, dass meine

Taille der Übergang von Oberkörper zum Rest des Körpers ist, dann bücke ich mich an dieser Stelle, als wäre sie ein Gelenk – ich versuche es zumindest – und kriege natürlich Rückenschmerzen, da die Wirbelsäule für solch eine starke Beugung nicht gemacht ist. Die Taille ist schließlich keine anatomische Unterteilung, sondern schlicht eine Modeerscheinung, wie man in der Mode-Geschichte nachvollziehen kann. Die eigentliche Beugung zwischen Rumpf und Beinen muss in den Hüftgelenken erfolgen.

Ein anderes Beispiel sei ein Pianist, der glaubt, die leichte Drehung der Hand bei abwechselndem Spielen mit Daumen und kleinen Finger käme aus dem Handgelenk. Er wird bei stundenlangem Üben zwangsläufig Schmerzen erleiden, da das Handgelenk zwar versucht, seiner Anweisung zu folgen, für diese Art der Rotation aber nicht gemacht ist. Diese Drehung muss aus dem Ellenbogen kommen, auch wenn sie noch so klein ist.

Zum besseren Verständnis der bewussten Handlungssteuerung möchte ich hier eine kurze neurobiologische Schilderung geben: Im sogenannten Präfrontalen Cortex der Großhirnrinde (direkt hinter der Stirn) liegt die Zentrale für Handlungen, die wir willentlich steuern. Von dort gehen die Befehle primär aus. Damit die Ausführung aber gelingt, brauchen wir natürlich Informationen darüber, wo wir uns gerade befinden, wie unser Zustand ist und wie unsere Umwelt aussieht. Diese Region erhält also Informationen aus sensorischen Arealen, verrechnet sie mit den Handlungsimpulsen und schickt diese dann zu den motorischen Regionen, weiter hinten auf der Großhirnrinde. Es findet ein Abgleich mit gewohnheitsmäßig ausführbaren Handlungsmustern aus tieferen Gehirnschichten statt, was uns vieles erleichtern, manchmal aber eben auch erschweren kann. Vom Kleinhirn kommen noch Informationen zum Gleichgewicht und zur Feinabstimmung hinzu, und dann gelangen die Befehle endlich über das Rückenmark zu den ausführenden Muskeln. Nicht vergessen dürfen wir aber auch die Verbindung zum Hypothalamus, der entscheidend für die Hormonausschüttung ist, sowie zu inneren Organen, Drüsen und dem Immunsystem. Das Limbische System, eine Kombination aus Strukturen des Groß- und Zwischenhirns, mit der Amygdala und dem Hippocampus, ist zuständig für unsere Emotionen und auch für das Gedächtnis. In diesem Bereich seitlich am Schädel liegen auch die Regionen des Sprachzentrums. Hier finden also Kategorisierung, Einordnung, Einfärbung und Speicherung statt. Von dort wird wiederum die übergeordnete Steuerzentrale im Großhirn über diese Eindrücke informiert. Sie sehen, es ist ein komplexer Apparat, der den Menschen als Ganzes betrifft, nicht nur seine Logik und seine willkürlichen Handlungs-Befehle, die den Körper steuern, sondern eben auch seine Gefühlswelt, seine Erfahrungen, sein Weltbild und schließlich seine Art, mit sich und der Welt umzugehen.

Die Verhinderung der Zielfixiertheit

Entscheidend in der Alexander-Technik sind aber nicht nur die korrekten anatomischen Anwendungen, sondern eine ganzheitliche Sicht, die auch berücksichtigt, dass wir uns auch durch alle möglichen inneren Einstellungen sehr schlecht gebrauchen. Dazu gehört vor allem die uns sicher allen gut bekannte Zielfixiertheit, ein Leistungsdruck und der Drang, alles richtig machen zu wollen. Hier liegt auch die größte Hürde beim Erlernen eines guten neuen Gebrauches. Alexander schrieb:

> „Wenn unbefriedigender Gebrauch und unbefriedigendes Funktionieren ein gewisses Ausmaß erreicht haben, erweist sich – unabhängig von der Unterrichtsmethode – das gewohnheitsmäßige ‚Zielstreben' der betroffenen Person als der hinderliche Faktor bei jedem ihrer Versuche, aus dem Unterricht Nutzen zu ziehen."[34]

Entscheidend ist, dass wir lernen können, in einer Situation nicht vorschnell automatisch und auf eine bestimmte, uns gewohnte, Art und Weise zu reagieren, sondern uns mehr Handlungsspielraum zu verschaffen. Dieser Spielraum wiederum gibt uns die Freiheit, quasi einen Schritt zurückzutreten und die Welt ganzheitlicher zu sehen als mit unserer vorgefassten Art und Weise und mit ihr somit auch anders in Kontakt zu treten.

Um das zu erreichen, braucht man aber zunächst genau das: eine kleine Lücke in der Kette der Verschaltungen, damit wir wählen können, ob wir den alten Pfad einschlagen möchten oder einen neuen. Und den müssen wir dann auch üben und verstärken, denn nur so lassen sich neurobiologisch neue Verknüpfungen schaffen.

Alexander ging mit einer simpel scheinenden Abfolge aus *Inhibition,* also *Unterbinden*, neuen *Anweisungen* und dem entscheidenden Moment der *Wahl* vor. Dabei stellte sich der erste Teil

34 F. M. Alexander: Der Gebrauch des Selbst, Karger Verlag, 2001, S. 41-42

der Inhibition als der wichtigste heraus, da der Mensch sonst in seinem alten, gewohnheitsmäßigen, automatisch ablaufenden Gebrauch festhängt. Nur so kann man die neuen Handlungsimpulse umsetzen. Ansonsten wäre das so ähnlich, wie mit angezogener Handbremse Auto fahren zu wollen. Alexander schrieb über seine Übungen zum Rezitieren:

> „Wenn ich jemals eine Veränderung in meinem gewohnheitsmäßigen Gebrauch herbeiführen und meine instinktive Steuerung beherrschen wollte, *dann musste ich zuerst imstande sein, den Stimulus zum Sprechen aufzunehmen, mich aber gleichzeitig zu weigern, sofort mit einem ‚Tun' darauf zu reagieren.*“[35]

Was meinte er damit? Er musste zunächst seinen Impuls unterdrücken, sofort etwas in einem Tun umzusetzen, also sofort sprechen zu wollen. Denn das hätte ihn zwangsläufig wieder auf die Bahn seiner alten Muster gebracht, die ja so gut verfügbar war. Da aber eben die „Zielfixiertheit“ alles andere als zielführend ist, fand er auf seine Art heraus, dass er sich nur um die „Mittel“ zum Erreichen seines Zieles kümmern müsse, ganz nach dem Motto „Der Weg ist das Ziel“. Dabei ist seine Technik tadellos mit der „Mittel-Ziel-Analyse“ der Psychologie vereinbar, in der es darum geht, zur Not Teilschritte einzuplanen, wenn ein Ziel nicht direkt erreicht werden kann. Dabei muss nur sorgsam darauf geachtet werden, dass sich die Zielfixiertheit nicht auf die Teilziele „stürzt“. Hier ist fortwährend die Inhibition gefragt. Alexander schreib:

35 Ebenda, S. 19

> „Um zu vermeiden, angesichts des Zielreizes in die vertraute Sinneserfahrung des alten, gewohnheitsmäßigen Gebrauchs zurückzufallen, *muss man mit dem Unterbinden fortfahren* und gleichzeitig die neue Steuerung des Gebrauchs anwenden.“[36]

Alexander fasste seine Technik sehr gut zusammen, indem er schrieb, dass der Inhibitionsprozess zwei Anteile hat: Zum einen ist er „das *Verweigern*, auf den primären Wunsch zu reagieren, um ein gewünschtes Ziel zu erreichen“, und zum anderen wird er „zur bewussten und überlegten *Reaktionshandlung* (...), jene ‚Mittel-wodurch‘ anzuwenden, mit denen das ‚Ziel‘ erreicht werden kann.“[37]

Also ein ‚*Nein zum Alten*‘ und ein ‚*durchdachtes Ja zum Neuen*‘.

Alexander betrachtete die Notwendigkeit der Inhibition aus dem genannten Grund heraus, zunächst einen Stopp einzulegen, um sich daran zu hindern, automatisch und gewohnheitsmäßig zu reagieren. Diesen Stopp müssen wir uns aber noch etwas näher betrachten. Denn dass dieses „Nein“ und „Ja“ gleichzeitig alles andere als leicht ist, merkte auch Alexander bei der Entwicklung seiner Technik und schrieb herrlich selbstironisch:

> „Dies war mein erster Versuch, ‚Vermeiden‘ und ‚Tun‘ in ein und derselben Tätigkeit zu kombinieren, wobei ich kei-

---

36 Ebenda, S. 78

37 F. M. Alexander: Die konstruktive bewusste Kontrolle des individuellen Menschen, Karger Verlag, 2006, S. 114

nen Moment daran zweifelte, dass mir dies auch gelingen würde.“[38]

Ich bin während meiner Ausbildung zur Lehrerin der Alexander-Technik selbst ziemlich lang dem Irrtum aufgesessen, dass Inhibition, dieses Innehalten, etwas mit Festhalten und Stoppen zu tun hat, wie es sprachlich ja auch naheliegt. Damit habe ich jedoch nur mit weiterer und anderer muskulärer Aktivität versucht, mich am Tun zu hindern, inhibiert habe ich jedoch nicht. Auch habe ich die Inhibition immer wieder an den Ort verlagert, wo die Reaktion stattfand, die ich inhibieren wollte, z. B. habe ich versucht, im Schultergelenk zu inhibieren. Ich musste erst verstehen, dass das gewünschte Loslassen durch die Inhibition zwar in der Schulter stattfand, die Inhibition selbst aber im Kopf, also im Denken. Dies wurde spätestens dann relevant, als ich bemerkte, dass meine Reaktion so schnell war, dass ich mit dem Inhibieren nicht mehr hinterherkam. Der lange Weg zum ausführenden Muskel soll eben nur mit der Information beschritten werden, die da auch hingelangen soll. Die Inhibition erfolgt vorher in den Nervenzellen. Sie ist ein ganz grundlegendes neurologisches Prinzip, ohne das gar nichts laufen würde.

Um das zu verstehen, müssen wir etwas über Nervenzellen, ihre Signale und deren Verarbeitung, sowie über die Übertragung zur Muskulatur erfahren:

Jede Nervenzelle besteht aus einem Zellkörper, einer Reihe von Auswüchsen, den Dendriten, die Informationen sammeln und zum Zellkörper übertragen, und einem langen Fortsatz, dem

38 F. M. Alexander: Der Gebrauch des Selbst, Karger Verlag, 2001, S. 10

Axon, der für die Informationsweiterleitung zuständig ist. Dieses Axon gabelt sich fein auf und bildet über Synapsen Kontakte zu den Dendriten anderer Nervenzellen aus. So bilden viele Nervenzellen ein neuronales Netzwerk. Die ganze Nervenzelle und auch die Fortsätze sind von einer Membran begrenzt. Wo eine Synapse in Kontakt mit einer weiteren Nervenzelle tritt, treffen somit zwei Membranen aufeinander.

Jede Zelle hat ein bestimmtes inneres Milieu mit viel Wasser und Kalium, etwas Kochsalz (Natriumchlorid) und anderen positiv oder negativ geladenen Teilchen (Ionen). In den Membranen befinden sich Ionenkanäle, so dass sich die Ladungsverteilung in- und außerhalb der Zelle ändern kann. Im Ruhezustand ist die Nervenzelle im Innern leicht negativ geladen. Wird die Nervenzelle erregt, öffnen sich Kanäle hauptsächlich für positiv geladene Natrium-Ionen, und die Zelle wird dadurch positiv geladen. Diese Umkehr in der Spannung ist das eigentliche Signal, das die Zelle über ihre Synapsen und ihre in den Synapsen wirkenden Botenstoffe an andere Zellen weitergibt, die dann auch Kanäle öffnen oder schließen und ihre Ladung ändern.

Wie die eingehende Information (positive Spannung, erregendes Potenzial) auf die Empfängerzelle wirkt, ist aber nicht vom Sender, sondern vom Empfänger abhängig. Manche Zellen reagieren auf einen Botenstoff mit einer positiven Spannung, andere mit einer negativen Spannung (hemmendes Potenzial), je nachdem, was für Ionenkanäle geöffnet werden. Es gibt also positive, erregende Signale und negative, hemmende, also inhibitorische.

Im Geflecht der verschiedenen Nervenzellen gibt es dann eine Interaktion der Signale. Sie können sich zeitlich aufsummieren, wenn zum Beispiel zwei Signale kurz hintereinander eintreffen. Es gibt auch eine räumliche Interaktion, wenn verschiedene Synapsen von sendenden Zellen an verschiedenen Stellen der Empfängerzelle gleichzeitig aktiv sind. Die Signale können sich aber natürlich auch abschwächen oder auslöschen, wenn ein positives und ein negatives zusammentreffen. Durch ein inhibitorisches Potenzial können also Erregungen unterbunden werden. Ein erregendes Signal kann somit in diesem Netzwerk weitergeleitet oder durch Hemmung gestoppt werden. Wenn es nicht gehemmt (inhibiert) wird, kann es zum ausführenden Muskel gelangen. Dort wird es über eine spezielle Art von Synapse auf die Muskelzelle übertragen, und der Muskel reagiert mit Kontraktion. Die Handlung wird ausgeführt.

Wenn es gilt, einen Muskel anzusteuern, laufen aber dabei Erregung und Hemmung nicht unbedingt voneinander getrennt ab. Ihr Zusammenspiel kann man am Kniesehnenreflex deutlich machen: Durch einen Schlag auf die Sehne erfährt diese eine Dehnung, die über die Muskelrezeptoren an ein Neuron im Rückenmark gemeldet wird. Dieses Neuron aktiviert den Bein-Strecker, so dass dieser Muskel sich kontrahiert und das Bein gestreckt wird. Gleichzeitig wird über ein hemmendes Interneuron der Antagonist dieser Bewegung, also der Beugemuskel, gehemmt, damit er die gewünschte Bewegung nicht stört. Wir müssen eben manchmal anspannen und inhibieren gleichzeitig; es kommt nur darauf an, dass wir den richtigen Adressaten treffen. Wie wichtig das neurologische Prinzip der Inhibition ist, sieht man auch an der Mitwirkung des Kleinhirns an der Bewegungssteuerung: Die Signale, die das Kleinhirn verlassen, sind ausschließlich hemmende, inhibitorische Signale. Diese Feinabstimmung kann man sich vielleicht bildlich so vorstellen, dass alles überflüssige an Bewegung „weggeschmirgelt“ wird, so dass die ausgeführte Bewegung dann schön glatt abläuft.

Wir sehen daran, dass es zum Inhibieren nichts Besonderes oder anderes braucht als zum Denken einer Handlungsanweisung auch. Das Signal wird nur durch andere chemische Substanzen übertragen und hat ein anderes mathematisches Vorzeichen. Und trotzdem ist das Verlernen von Gewohnheiten ausgesprochen schwer, weil die alten Bahnen viel häufiger benutzt wurden und gleich einer Autobahn befahrbar sind, während man für etwas Neues erst einmal mit einem Trampelpfad anfängt.
Zudem muss man sich auch wirklich die Wahl erlauben, selbst zu entscheiden, was man tun und wie man reagieren will. Dass dies in unserer Leistungsgesellschaft und dem Ideal von permanenter Verfügbarkeit nicht gerade leicht ist, kann sich sicher jeder vorstellen.

Als kleines Experiment schlage ich Ihnen einmal vor, sich zu erlauben, nicht gleich ans Telefon zu gehen, wenn es klingelt.

Neue Handlungsanweisungen

Wenn man diesen Schritt bewältigt hat, ist der nächste Schritt der neuen Handlungsanweisungen nicht mehr so schwer. Alexanders Texte lesen sich relativ kompliziert, aber an sich ist es recht simpel. Er schrieb dazu:

> „Um ein gewünschtes Ziel zu erreichen oder eine Handlung (…) auszuführen, bedarf es der Steuerung und Durchführung einer zusammenhängenden Reihe einleitender Akte seitens der Mechanismen des Organismus. Will man ein Ziel zufriedenstellend erreichen, muss man den Gebrauch der Mechanismen durch das Projizieren einer zusammenhängenden Reihe von *Direktiven* steuern, die der Abfolge der einleitenden Akte entsprechen. Wird diese zusammenhängende Kette von Direktiven an irgendeiner Stelle unterbrochen und der Gebrauch fehlgesteuert, dann werden sämtliche folgende Akte der Reihe misslingen und das Ziel wird nicht wunschgemäß erreicht.“[39]

Er meinte damit, sich bewusst vorzustellen, wie und in welcher Reihenfolge wir unseren Muskeln bestimmte Anweisungen geben sollten, um eine Tat auszuführen, und dass das Ganze fehlgehen kann, wenn eine Stelle in dieser Kette nicht stimmt.

Ich möchte dies an einem eigenen Beispiel verdeutlichen: Als ich einmal in einem Kloster zu Gast war und dem Prior beim Ver-

39 Ebenda, S. 39

schicken von über 500 Einladungen helfen sollte, wollte ich diese „stupide“ Aufgabe nutzen, um ganz bewusst mit der Alexander-Technik zu arbeiten. Ich gab mir also folgende Direktiven:

„Ich lasse meinen Nacken los, so dass mein Kopf sich frei bewegen kann, und lasse meine Schulter, Ellenbogen und Handgelenke frei, so dass ich zuerst einen Briefbogen nehmen und falten und dann mit der Einladungskarte in einen Briefumschlag tun kann.“

Nach dreißig Minuten hatte ich fürchterliche Rückenschmerzen.

Ich dachte also, dass an meinen Direktiven irgendetwas nicht gestimmt haben musste, wenn dies nun das Resultat war. Also ging ich sie im Kopf noch einmal durch. Ich kam bis ans Ende und ertappte mich nun bei dem Nachsatz:

„Und mach ja kein Geräusch, damit Du den Oberen nicht störst!“

Ich hatte mit diesem einen – zunächst unbemerkten – Satz alles torpediert. Denn um zu verhindern, dass Papier beim Falten raschelt, was so ziemlich unmöglich ist, hatte ich mich natürlich unglaublich angespannt. Ich lachte im Stillen also einmal herzlich über mich, warf diesen Satz über Bord und verpackte die restlichen Briefe ohne Rückenschmerzen.

Trotzdem braucht das Denken der Direktiven „alle zusammen, eine nach der anderen“[40], wie es Alexander empfahl, etwas Übung. Und es ist durchaus sinnvoll, mit einem Lehrer zu arbeiten, der ei-

40 Ebenda, S. 39

nen dabei unterstützt, diese neuen Anweisungen mit einer neuen körperlichen Erfahrung zu verbinden, weil er einen mit den Händen in die neuen Richtungen begleiten kann. Dabei gibt er dem Schüler die erste Direktive und führt die entsprechende Aktivität herbei. Dann fährt der Schüler fort, die erste Direktive zu denken, während der Lehrer die zweite hinzunimmt, usw. Durch dieses von Alexander empfohlene kombinierte Vorgehen von Denken und Erfahrung, sowie durch viele Wiederholungen lernt der Schüler nach und nach einen neuen Gebrauch kennen[41].

In meiner eigenen Arbeit mit seiner Technik ging ich allerdings mehr und mehr dazu über, den Hauptschwerpunkt auf das Unterbinden der alten Reaktion zu legen und eventuell das anatomische und psychologische Körperbild des Schülers etwas zu korrigieren. Dann erledigt sich vieles an dem, was man denn tun möchte, von allein.

Alexander soll dazu auch ganz simpel gesagt haben:

> „Wenn Du aufhörst, das Falsche zu tun, tut sich das Richtige von allein."[42]

41 Ebenda, S. 40
42 F.M. Alexander zitiert aus: Walter Carrington: Thinking Aloud, San Francisco 1994

Die fehlerhafte Sinneseinschätzung

Wie geschildert, ist es wichtig, durchaus einmal zu prüfen, ob denn das eigene Körperbild den anatomisch-physiologischen Tatsachen entspricht, und auch mit einem Spiegel zu arbeiten. Hier stoßen wir nämlich auf einen großen Stolperstein, der uns später noch mehr beschäftigen wird: Die oftmals fehlerhafte Sinneswahrnehmung. Diese kommt nicht etwa durch einen Defekt oder eine Eigenart zustande, wie Alexander zunächst bei sich selbst vermutet hatte, sondern liegt schlicht daran, dass unsere Sinne anpassungsfähig sind. Das ist ein großer Vorteil bei der Verarbeitung, da somit nur eine Veränderung bemerkt und beantwortet werden muss und nicht jeder gleichbleibende Zustand ständig mit beachtet wird. Dies hat aber eben auch den Nachteil, dass sich ein gewohnter Zustand vertraut und damit richtig anfühlt und alles Neue erst einmal falsch. Auch das ist eigentlich sinnvoll von unserem System, da dieses falsche Gefühl den Organismus zu einer schnellen Änderung bringen will, was im Falle einer Gefahrensituation ja wünschenswert ist. Gewohnheiten fühlen sich aber somit leider auch richtig an, selbst wenn sie falsch sind. Mir fällt dazu die alte Geschichte vom Frosch ein, der im Topf mit Wasser, das langsam erwärmt wird, sitzen bleibt und schließlich gekocht wird. Greenpeace hatte damit schon vor Jahren auf die langsame Klimaerwärmung hingewiesen und unter das Plakat geschrieben „Ganz schön doof der Frosch, oder?“.

Wir sind aber eben alle so doof. Diese fehlerhafte Sinneswahrnehmung kann die seltsamsten Ausdrücke finden und ist nicht leicht aufzudecken. Alexander schilderte seine beunruhigenden Schlüsse dazu so:

> „Tatsächlich hatte ich mich der weit verbreiteten Täuschung hingegeben und geglaubt, der Mensch sei imstande, bei Tätigkeiten, die seiner Gewohnheit zuwiderlaufen und unvertraute Sinneserfahrungen mit sich bringen, das zu tun, ‚was er wirklich will', nur weil ihm dies bei Tätigkeiten gelingt, die er gewohnt ist und deren Sinneserfahrungen ihm vertraut sind."[43]

Ein befreundeter Alexander-Lehrer erzählte mir einmal von einer Schülerin, die durch nichts davon zu überzeugen war, dass sie schief stand. Sie fand sogar im Spiegel, dass sie selbst gerade und der zur Kontrolle herangezogene Türrahmen schief war. Erst als sie eines Tages zufällig ein waagerechtes Streifenmuster auf ihrem Pullover trug, das natürlich auch schief war, konnte er sie überzeugen. Auch das sollte uns später noch zu denken geben, wenn wir begreifen, wie sehr wir mit unserem Selbstbild die Außenwelt in eine Schieflage zwingen. Ich selbst hatte wiederum oftmals mit Schülern zu tun, die nach Aufgeben der alten Muster und „nur noch" mit den neuen Handlungsanweisungen scheinbar nichts mehr hatten, was sie zu ihrer gewollten Tätigkeit befähigen würde. So behauptete eine Reiterin, die nun zum ersten Mal ohne ihre gewohnte zusätzliche Spannung auf dem Pferd saß, nicht anreiten zu können. Ihre Überraschung, dass es aber doch ging, werde ich nie vergessen.

---

43 F. M. Alexander: Der Gebrauch des Selbst, Karger Verlag, 2001, S.11

Es ist also entscheidend, bei dem neuen Plan zu bleiben, der anatomisch und physiologisch korrekt ist, ob man ihm nun gefühlsmäßig glaubt oder nicht. Alexander sagte dazu:

> „Dies bedeutete, dass ich bereit sein musste, jedes Vorgehen weiterzuführen, das ich verstandesmäßig als das für meinen Zweck beste hielt, selbst wenn es sich falsch anfühlen sollte. Mit anderen Worten: Mein Vertrauen in die Vernunftsvorgänge, die mich sicher ans ‚Ziel' bringen konnten, musste ungeteilt sein und nicht so halbherzig, dass es auch noch der Rückversicherung durch ein ‚richtiges Gefühl' bedurfte."[44]

Und dann kommt noch der entscheidende Schritt der Wahl. Wenn man an dieser Stelle zu schnell auf das primäre Ziel losschießt, ist der gute Gebrauch rasch wieder über den Haufen geworfen. Die Wahl, doch etwas anderes zu tun oder auch gar nichts, erlaubt einem erst die nötige Freiheit, die sich auch in der Muskulatur und den Gelenken widerspiegelt. Frei ist eine Bewegung erst dann, wenn in jeder Bewegung auch eine Bewegung in die Gegenrichtung möglich wäre. Erst in dieser Flexibilität arbeiten der Organismus und auch die Psyche organisch und lebendig und ohne Erscheinungen wie Druck, Verspannung, Erschöpfung oder dergleichen.

44 Ebenda, S. 23

Die angebliche „Primärkontrolle" und die Regulation des Muskeltonus

Schließlich müssen wir noch etwas über die sogenannte „primäre Kontrolle der Funktionsweise aller Mechanismen des menschlichen Organismus"[45] sprechen. Alexander hat diesen Begriff erst in seinem dritten Buch „Der Gebrauch des Selbst" eingeführt, als er bei der Beschreibung seiner Technik nach einem übergeordneten Steuerelement in der Beziehung zwischen Kopf und Rumpf suchte, von dem alles abzuhängen schien. Er meinte, dass diese Steuerung seine „gewohnheitsmäßige Reflexhandlung als natürliche Folge des angewandten Verfahrens ‚neu' konditionierte und allmählich die neue Reflextätigkeit herbeiführte, die ihrerseits wiederum mit neuen und besseren allgemeinen Zustandsbedingungen des Gebrauchs und Funktionierens einherging."[46] Ich muss hier anmerken, dass es sich weder beim instinktiven falschen Gebrauch noch bei der neuen Steuerung um einen Reflex im klassischen Sinne handelt. Alexander wurde aber durch die damalige Entdeckung eines Kopf-Hals-Reflexes bei Tieren inspiriert zu glauben, dass es einen ähnlichen „Zentralapparat" auch beim Menschen geben müsste, der jedoch auch später nicht gefunden werden konnte.

Alexander war aber trotz seiner falschen Annahme auf der richtigen Spur. Denn er führte in seinem Buch sogleich an, dass es beim Erlernen eines neuen Gebrauches „von vorrangiger Bedeutung ist,

45 Ebenda, S. 7
46 Ebenda, S. 27

eine instinktive durch eine bewusste Steuerung zu ersetzen"[47], was einem reinen reflektorischen Geschehen natürlich widerspricht.

Auch wenn es sich um keinen Zentral-Apparat und keinen Reflex handelt, arbeiten sämtliche Alexander-Technik-Lehrer nach Alexanders direkter oder indirekter Unterweisung gezielt mit einem Lösen der Spannung in der Halsmuskulatur und haben damit Erfolg.

Was ist da also dran? Was ist der Schlüssel der Alexander-Technik beim Erlernen eines neuen Umgangs mit dem eigenen Körper?

Es ist die Regulation des Muskel-Tonus.

Der posturale Muskeltonus ist die Grundspannung der Muskeln, die dafür nötig ist, der Schwerkraft zu widerstehen und die Körpermitte zu stabilisieren und somit koordinierte Bewegung von Armen und Beinen zu ermöglichen. Dieser Tonus wird unbewusst gesteuert und muss sehr anpassungsfähig sein. Zudem hat jeder Mensch eine innere Körper-Landkarte, also eine interne Darstellung des Körpers, auf die das Gehirn bei der Planung und Ausführung von Bewegung zurückgreift. Diese Karte kann jedoch, wie bereits geschildert, durch mangelnde Schulung, falsche Vorstellung oder unbeabsichtigte Imitation von unpassenden Bewegungen fehlerhaft sein. Zudem wird oftmals für Bewegungen der peripheren Gliedmaßen viel zu viel Spannung aufgewendet, so dass oft nicht klar zu sein scheint, welche Muskulatur die Haltung übernimmt und welche die Bewegung.

47 Ebenda, S. 28

Der amerikanische Neurowissenschaftler und Alexander-Technik-Lehrer Tim Cacciatore und seine Kollegen haben mehrere Artikel zu den wissenschaftlichen Grundlagen der Alexander-Technik verfasst oder begutachtet und ein Modell aufgestellt, das eine mögliche Erklärung für den Ansatz der Alexander-Technik auf neuronalen Strukturen darstellen soll.[48] Sie erklären, dass die Alexander-Technik durch mündliche Unterweisung eine Korrektur der Körper-Karte vermittelt, was durch eine haptische Erfahrung mittels der Hände des Lehrers begleitet wird. Der Lehrer dehnt dabei sozusagen seine Körper-Karte auf den Schüler aus, spürt die Spannungen in dessen Muskulatur, lenkt die Aufmerksamkeit des Schülers dorthin und vermittelt ihm so einen angemessenen Tonus. Die Alexander-Technik arbeitet also mit gerichteter Aufmerksamkeit und Absicht sowie gezielter Hemmung und verbessert so die Anpassungsfähigkeit und Verteilung des Muskeltonus sowie das Gleichgewicht.

Diese Wissenschaftler schlagen vor, dass die Veränderung des Muskeltonus durch gerichtete räumliche Aufmerksamkeit über „frontoparietale" Wege vom Stirnlappen der Großhirnrinde über den Scheitellappen zum Hirnstamm geleitet wird, wo der Tonus erzeugt wird. Der frontale Cortex ist dabei, wie bereits erklärt, für die Handlungsplanung und die Aufmerksamkeit verantwortlich, während der parietale Cortex für die Körper-Landkarte und das Gewahrsein vom Körper im Raum verantwortlich ist. Außerdem ist er an der motorischen Hemmung beteiligt. Man weiß zwar noch wenig über die Tonus-Regulation, vermutet aber, dass ne-

48 Cacciatore et al., Potential Mechanisms of the Alexander Technique: Toward a Comprehensive Neurophysiological Model, Kinesiology Review, Human Kinetics, Inc., 2020

ben dem Hirnstamm auch die Basalganglien, dabei vor allem das sogenannte Striatum, die vestibulären Kerne und das Kleinhirn beteiligt sind.

Doch wieso setzt die Alexander-Technik gerade an der Halsmuskulatur an?

Der amerikanische Neurowissenschaftler Ian Loram und seine Kollegen haben die Beziehung zwischen der Regulation der Nackenmuskulatur und der gesamten Körpermotorik untersucht und dabei gezeigt, dass gezielte Inhibition der Nackenmuskulatur einen indirekten globalen Effekt hatte, indem die Bewegung effizienter wurde, unbewusste unnötige Bewegungen verringert wurden und die Balance verbessert wurde.[49] Sie gehen dabei davon aus, dass die segmentale Gliederung des Körpers die Basis für eine gezielte, vereinfachte Bewegungssteuerung liefert, wobei die Bewegung von entfernteren Gliedern über Muskelketten auf den Informationen achsennaher Glieder aufbaut. Sie betonen, dass nahezu alle Tätigkeiten, sei es aufrechter Stand, Blickkontrolle oder ausgeführte Bewegungen von Armen und Beinen, ein Wissen über die Lage des Kopfes im Bezug zum Rest des Körpers benötigen, und dass das Nervensystem das Ziel, die Lage und den Zustand des gesamten Körpers sowie auch die Referenz der Unterstützungsfläche, zum Beispiel des Fußbodens, in die Bewegungsplanung miteinbezieht.

Diese Überlegungen kommen mir sehr bekannt vor, denn während meiner Promotion bei Prof. Dr. Thomas Mergner am Neu-

49 Ian Loram et al., Proactive Selective Inhibition Targeted at the Neck Muscles: This Proximal Constraint Facilitates Learning and Regulates Global Control, IEEE Transactions on Neural Systems and Rehabilitation Engeneering, Vol. 25, No. 4, April 2017

rozentrum des Universitätsklinikums Freiburg arbeitete ich an der Rolle der Muskelsensorik bei der Gleichgewichtsregulation des Menschen[50] und befasste mich eingehend mit seinem „Modell der Koordinatentransformation“[51], welches er mit seinen Kollegen erarbeitet und per Computersimulation mit den experimentellen Daten abgeglichen hatte.

Ich möchte hier einmal die Körpermechanik und dann das Modell ausführlich erklären:

Bedenkt man, dass der menschliche Körper mit seinen vielen Gelenken bei einer durchschnittlichen Höhe von ca. 1,70 m auf einer Fußsohle von durchschnittlich ca. 27 cm Länge aufrecht stehen kann, kommt man zu dem Schluss, dass es sich um eine mechanische Meisterleistung handelt. Denn beim sicheren aufrechten Stand muss die Projektion des Körperschwerpunktes (etwa auf Höhe des Bauchnabels) so auf den Boden treffen, dass er innerhalb der von den Füßen begrenzten Unterstützungsfläche liegt. Dieses Prinzip ist auch auf jede andere Körperhaltung anwendbar: Beim Sitzen wird die Unterstützungsfläche durch die Sitzbeinhöcker auf dem Stuhl und die Füße auf dem Boden definiert, lehnen wir uns dagegen irgendwo an, wird dieser Untergrund (sei es eine Wand oder auch eine Gehhilfe) entsprechend miteinbezogen. Dabei kostet es am wenigsten Kraft, wenn wir die Last unseres Körpergewichtes oder auch zusätzlicher Lasten direkt durch die knöcherne Struktur unseres Skelettes an die Unterstützungsfläche abgeben können.

---

50 https://freidok.uni-freiburg.de/fedora/objects/freidok:1299/datastreams/FILE1/content

51 Thomas Mergner et al., Vestibular-neck interactions and transformation of sensory coordinates, Journal of Vestibular Research, Vol. 7, No. 4, pp. 347-367, 1997, Elsevier Science Inc.

Für die Aufrichtung der Wirbelsäule ist besonders die tiefe sogenannte autochthone Rückenmuskulatur wichtig. Ihre Hebelwirkung ist gering, doch in vertikaler Lage hält sie die Wirbelsäule und den Kopf aufrecht und richtet permanent die Wirbel aus. Diese Muskeln können als tonische Muskeln sehr lange ohne Ermüdung arbeiten. Die äußeren, großen Rückenmuskeln, die wir normalerweise in Rückenschulen gegen Schmerzen im Rücken trainieren, sind aber hauptsächlich in Bewegung oder beim Tragen und Heben von Lasten nötig. Besser als dieses Rückentraining wäre also aufzuhören, sich zusammenzuziehen und dadurch die tiefen Muskeln bei ihrer Arbeit zu stören. Denn meistens sind wir krumm, nicht weil uns die Kraft zur Aufrichtung fehlt, sondern weil wir die vordere Muskulatur zu sehr verkürzen. Das schadet natürlich der Wirbelsäule. Diese ist als federndes, dynamisches System mit vielen Gelenken und zwei großen S-Kurven konstruiert, erlaubt uns somit eine Vielzahl an Bewegungen und wirkt überdies als Stoßdämpfer. Sie wird, wie gesagt, von den inneren Rückenmuskeln aufgerichtet, und ganz oben auf dem Atlas-Axis-Gelenk balanciert der Kopf mit einem Eigengewicht von ca. 6-7 kg. Seine Lage ist beinahe austariert, mit einem leichten Übergewicht nach vorn. Wie Alexander feststellte, haben es sich die meisten Menschen aber zur Gewohnheit gemacht, die äußeren Halsmuskeln anzuspannen. Das ist, wie bereits gesagt, eine natürliche Schutzfunktion, um den empfindlichen Nacken und die Wirbelsäule mit dem Rückenmark zu schützen und geschieht nicht erst, wenn wir mit dem Schwert bedroht werden, sondern auch bei zu viel Stress. Doch ist es nicht nur für die freie Beweglichkeit und die Abfolge von Bewegungen entscheidend, dass die Halsmuskeln und die übrige Muskulatur nicht übermäßig angespannt sind. Denn wir brauchen unsere Muskeln nicht nur für Bewegungen, sondern auch über die Muskelsensorik der Propriozeption (= Eigenwahrnehmung) für die Übertragung der Bewegungsinformation der jeweiligen Gelenke. Die Sensoren der Muskulatur liefern nämlich Informationen über die Stellung der Körperteile zueinander, also darüber, ob ein Gelenk gebeugt oder gestreckt ist, und somit wie der Körper ausgerichtet ist. Und hier komme ich zum Modell von Thomas Mergner und der Aussage von Timothy Cacciatore über die segmentale Gliederung des Körpers:

Der Boden liefert die Basis für Bewegungen im Sprunggelenk, die Unterschenkel für Bewegungen im Knie, die Beine für Bewegungen im Hüftgelenk, usw. Die Halsmuskulatur gibt Auskunft über die Lage des Kopfes relativ zum Rumpf oder umgekehrt. Jetzt kommt ein entscheidender Punkt: Unser Gleichgewichtssinn im Innenohr im Inneren des Schädels ist das einzige Organ, das absolut sagen kann, wie unsere Lage im Raum ist. Alle anderen Sinne arbeiten relativ. Über die Augen zum Beispiel kann ich nicht entscheiden, ob ich mich bewegt habe oder die Umgebung, wie jeder schon einmal festgestellt haben dürfte, wenn er in einem Zug im Bahnhof saß und für einen Moment nicht wusste, ob sich der eigene Zug oder der vom Nachbargleis in Bewegung setzte. Der Gleichgewichtssinn allein nutzt uns aber auch nicht viel, denn dieser Sinn ist für langsame Beschleunigungen nicht sensibel genug, wie uns auch wieder das Beispiel der Züge zeigt. Denn die Verwirrung löst sich erst bei höherer Geschwindigkeit auf.

Wir brauchen also die Verrechnung mit den anderen Sinnen, um Aussagen über den ganzen Körper machen zu können, und für den Abgleich des Gleichgewichtssignals ist die Halsmuskulatur von entscheidender Bedeutung, da sie das erste Bindeglied zwischen Kopf und Rumpf darstellt.

Ein Beispiel: Der Eindruck eines schiefen Kopfes kann aus einer Neigung des Kopfes oder aber auch des ganzen Körpers mit dem Kopf zusammen herrühren. Wenn unser Gleichgewichtssinn die Schräglage des Kopfes meldet, die wichtigsten Gelenke entlang der Hauptachse (Kopf zu Rumpf, Hüftgelenke und Kniegelenke) eine aufrechte Körperposition und das Sprunggelenk einen Winkel, der kleiner ist als die ca. 90° beim aufrechten Stehen, bedeutet dies zusammengefasst, dass wir uns zum Boden hingeneigt haben. Meldet nur der Gleichgewichtssinn eine Neigung, haben wir tatsächlich den Kopf bewegt, und wenn nur das Sprunggelenk eine derartige Winkeländerung meldet, der Kopf aber aufrecht im Raum ist, so ist der Boden schief und wir stehen wohl an einem Hang. Wir können uns das „Modell der Koordinatentransformation“ nun so vorstellen, dass das Signal „Kopf im Raum“ zu den Füßen geleitet wird, um dort ein Signal „Körper im Raum“ zu erzeugen, das dann wiederum zum Körpermittelpunkt gelangt, um dort über der Unterstützungsfläche muskulär ausbalanciert zu werden.

Dieses komplexe Verfahren kann im Alltag Gott sei Dank vereinfacht werden. Denn da der Fußboden meist eben und stabil ist, können wir das zuverlässigere propriozeptive Signal des Sprunggelenks als Hinweis für Schwankungen des Körpers nutzen. So können übrigens auch Menschen ohne jeden Gleichgewichtssinn ohne Probleme aufrecht laufen und sogar surfen und Ski fahren, wenn sie zudem noch ihren Sehsinn und das Wissen nutzen, dass viele alltägliche Gegenstände vertikal oder horizontal verlaufen.

Auch für diese wichtige sensorische Funktion der Muskulatur ist es aber von entscheidender Bedeutung, dass sie nicht übermäßig angespannt ist, sondern in einem angemessenen Aktivitäts-Zustand, in dem sie ihre Aufgabe erfüllen kann; denn auch die Muskelspindeln, die die Spannung eines Muskels messen, regulieren ihre Länge je nach Spannungszustand, um immer einsatzbereit zu sein. Bei zu starker, dauerhafter Anspannung sind sie dazu jedoch nicht mehr in der Lage, und viele schmerzgeplagte Menschen wissen heutzutage vermutlich nicht mehr, wie Loslassen eigentlich geht oder sich anfühlt.

Kommen wir aber noch einmal zurück zu Alexanders Erkenntnis, dass es „von vorrangiger Bedeutung ist, eine instinktive durch eine bewusste Steuerung zu ersetzen".

Ian Loram und seine Kollegen ließen Geigenspieler ihre Nackenmuskulatur über visuelles Feedback regulieren und zeigten, dass die Nackenmuskulatur – unabhängig vom Effekt der Blickstabilisierung – während aller ausgeführten Handlungen tatsächlich willentlich angesteuert werden kann und dass dies Auswirkungen auf die restlichen Handlungen hat und dabei der physiologische Aufwand der Bewegungen reduziert wurde. Durch selektive Inhibition der Nackenmuskeln wurde unnötige Spannung verhindert, während die notwendige adäquate Muskelspannung aufgebracht werden konnte. Diese Selektion erfolgt ihrer Ansicht nach zum Teil auf der Höhe des Hirnstammes und Rückenmarks, aber den größten Anteil daran hätten Wege vom Großhirn zum Striatum der Basalganglien.

Diese Ansicht wird auch von Timothy Cacciatore und seinen Kollegen unterstützt. Sie legen nämlich dar, dass das Parkinson-

Syndrom unter anderem die Basalganglien angreift und Defizite in der Regulation des Muskeltonus, der Bewegungsplanung und -ausführung und der Körper-Landkarte hervorruft, und dass Parkinson-Patienten nachweislich von der Alexander-Technik profitieren können.[52] Das sind wichtige Hinweise darauf, die Wirkungsweise der Alexander-Technik zu verstehen, und wunderbare Aussichten.

Entscheidend ist, dass man den adäquaten Muskelgebrauch selbst lernen kann.

Auch wenn es sich himmlisch anfühlt, wenn man durch die Hilfe eines Alexander-Technik-Lehrers wieder in den Genuss eines entspannten Nackens und Körpers kommt, ist noch nicht viel gewonnen, wenn man nicht selbst dorthin gelangen kann. Dies liegt an der Unbehaglichkeit, die ein neuer Gebrauch, der sich erst einmal falsch anfühlt, mit sich bringt. Wie geschildert, vertraut der Schüler dieser falschen Sinneseinschätzung nicht und fürchtet sich, ohne die gewohnten Muster zu handeln. Wenn man mit viel Zusicherung diese Hürde jedoch mehrfach gemeinsam genommen hat, wird sich der Schüler mehr und mehr dieser neuen Erfahrung bewusst und möchte sie auch wiederholen.

Hier kommt uns dann noch das sogenannte Belohnungssystem im Gehirn zu Hilfe, das im Jahr 1954 entdeckt wurde. Es ist ein weit verzweigtes Netz im Gehirn und umfasst Teile der Großhirnrinde und des Limbischen Systems mit dem Hippocampus. Es arbeitete mit Dopamin als Neurotransmitter, welches als immenser Verstärker dient. Es fühlt sich gut an, wenn etwas funkti-

52 Cacciatore et al., Potential Mechanisms of the Alexander Technique: Toward a Comprehensive Neurophysiological Model, Kinesiology Review, Human Kinetics, Inc., 2020

oniert. Also wird es wiederholt und die Nervenbahn noch weiter gefestigt. Alexander erkannte dies bereits ohne die neurologischen Kenntnisse und schrieb ausführlich darüber:

> „Daraus entwickelt sich allmählich ein Ansporn, den neuen Gebrauch anzuwenden, und dieser wird letztlich weitaus stärker sein als jener für die Anwendungen des alten Gebrauchs. Der Schüler wird einsehen, dass die Entwicklung des Gebrauchs das Ergebnis eines verstandesmäßigen Vorgehens ist, das er mit einer ihm bisher unbekannten Zuversicht bewusst steuern und kontrollieren kann."[53]

Auch wenn ich die in der Alexander-Technik oft verwendete „Tischarbeit" sehr schätze, da man dort im Liegen arbeitet und sich ganz auf die neue Erfahrung der Entspannung und dem länger Werden der Muskeln widmen kann, ist dies doch eher eine passive Art, und viele Schüler neigen dazu, sich davon „behandeln" zu lassen und somit abhängig vom Lehrer zu bleiben. Der Moment aber, wo ein Schüler wirklich begreift, was er Neues kann, und es unbedingt will, ist unschätzbar.

Hier ist nur erneut die Zielfixiertheit gut im Auge zu behalten, denn ein einfaches Wiederholen im Sinne von Reproduzieren des guten Gefühls, geht direkt wieder auf die falsche Bahn.

Die Alexander-Technik bleibt somit vor allem eine Lehre des Lebendigen und immer Neuen, in jedem Moment.

---

53 F. M. Alexander: Der Gebrauch des Selbst, Karger Verlag, 2001, S. 56

David Bohm und seine Interpretation der Quantenphysik

Die Kopenhagener Deutung der Quantenphysik

Mit der Quantenphysik wurde im 20. Jahrhundert das mechanistische Verständnis der Physik mit festen Gesetzmäßigkeiten und daraus ableitbaren Vorhersagen überholt. Bis dahin hatte man gedacht, alle bekannten Phänomene aus Teilchen, Feldern und wirkenden Kräften erklären zu können: Seit Galileo Galilei, Johannes Kepler und Christiaan Huygens können wir optische Phänomene durch Bewegungen von Lichtteilchen oder Lichtwellen erklären. Seit Isaac Newton beherrschen wir die Gesetze über mechanische Bewegungen und die wirkenden Kräfte, und hinzu kommen die Entdeckungen von Charles Augustin de Coulomb, Michael Faraday, James Clerk Maxwell und Heinrich Hertz zum Verständnis von Elektrizität und Magnetismus und die Nutzbarmachung der elektromagnetischen Felder, Kräfte und Phänomene. Seit der Entwicklung der Thermodynamik durch Nicolas Léonard Sadi Carnot, James Prescott Joule, Julius Robert Mayer, Rudolf Clausius, Josiah Willard Gibbs, Hermann Helmholtz und Ludwig Boltzmann und der Entdeckung der Thermodynamischen Gesetze kann man Wärmeprozesse und Energieumwandlungen verstehen, und seit Albert Einstein wissen wir, dass man Energie und Materie ineinander umwandeln kann.

Doch danach brachte der Wissenszuwachs erst einmal Verwirrung.

Einstein brachte die festen Grenzen der Physik bereits etwas ins Wackeln, als er mit seiner Relativitätstheorie unser gewohntes Koordinatensystem und die Möglichkeit einer einfachen Transformation von einem System in ein anderes über den Haufen warf und aufzeigte, dass es nur einen relativen Raum und eine relative Zeit gibt und dass die gesamte Welt aus einem verformbaren Raum-Zeit-Kontinuum besteht. Doch im gleichen Jahr 1905, in dem er seine spezielle Relativitätstheorie veröffentlichte, machte er zwei weitere Entdeckungen, die nicht zu einem Kontinuum passten: Der „Fotoelektrische Effekt" beschrieb die Aussendung von Elektronen aus mit Licht bestrahlten Metallen in bestimmten Energie-Paketen, und daraus folgte, dass man Licht nicht nur als Welle, sondern auch als Teilchen betrachten muss, die zudem nur in bestimmten Energiewerten auftreten können. Und in seinem Artikel über die „Brown'sche Molekularbewegung" hatte er den Beweis erbracht, dass alle Materie aus solchen kleinen „Körnchen" besteht. Galt das Kontinuum also doch nicht? Einsteins Schüler David Bohm schrieb, dass Einstein während seiner Arbeit diese Ergebnisse noch als Teile einer Einheit zu betrachten schien, während es sich aber nach und nach herausstellte, dass sie nicht zusammenpassten.[54]

Während die Relativitätstheorie also von einem unteilbaren Gesamtfeld ausging, in dem ein fester Gegenstand bloß ein Ort mit

54 David Bohm, Die Implizite Ordnung, Crotona Verlag, 2018, S. 177

besonders hoher Feldintensität ist, fand die Quantentheorie eine Grenze dieser Unteilbarkeit: Die kleinste Ausdehnung im Raum ist die sogenannte Planck-Länge, und darunter gibt es nichts Existentes. Ferner ist die kleinste Informationseinheit durch das „Plancksche Wirkungsquantum“ definiert. Die ganze Welt ist also „pixelig“ und besteht nur aus kleinsten Quanten. Selbst Lichtwellen treten eben nur mit diskreten Werten auf, und die Photonen sind die Quanten des elektromagnetischen Feldes.

Doch diese Quanten sind nicht etwa die kleinsten „Teilchen“ dieser Welt, so wie wir Teilchen früher verstanden. Sie sind keine festen Strukturen, und manche haben nicht einmal eine Masse. Sie sind stattdessen unbestimmte Quantenzustände, über die sich keine festen Vorhersagen machen lassen und die sich erst im Moment der Reaktion, Wechselwirkung oder Beobachtung zeigen. Über sie lassen sich bloß Wahrscheinlichkeiten angeben, mit denen sie an einem bestimmten Ort gefunden werden können. Alle diese Möglichkeiten werden in sogenannten Wellenfunktionen beschrieben, und erst im Moment einer Wechselwirkung wird eine dieser Möglichkeiten konkret realisiert. Man sagt, die Wellenfunktion kollabiert, da die anderen Möglichkeiten dann nicht mehr vorhanden sind. Die großen Physiker dieser Zeit – Albert Einstein, Max Planck, Niels Bohr, Max Born, Werner Heisenberg, Pascual Jordan und Erwin Schrödinger – brauchten lange, um diese Neuerung im Weltbild zu begreifen und beschreiben zu können, und Heisenberg und Bohr kamen schließlich zur sogenannten „Kopenhagener Deutung der Quantenphysik“. Sie besagt, dass Quantensprünge die Grundform allen Geschehens überhaupt sind. In Wikipedia können wir dazu lesen:

> „Gemäß der Kopenhagener Interpretation ist der Wahrscheinlichkeitscharakter quantentheoretischer Vorhersagen nicht Ausdruck der Unvollkommenheit der Theorie, sondern des prinzipiell indeterministischen Charakters von quantenphysikalischen Naturvorgängen.“[55]

Immer noch ringen Forscher aber darum, die Relativitätstheorie mit der Quantenphysik zusammenzubringen, und Phänomene wie das Einstein-Podolsky-Rosen-Paradoxon, in dem Ereignisse, die räumlich getrennt sind, doch aufeinander Einfluss haben, geben uns weitere Rätsel auf.

Die Implizite Ordnung

David Bohm war ein amerikanischer Quantenphysiker, der von 1917 bis 1992 lebte. Er arbeitete noch mit Albert Einstein zusammen, verließ die USA jedoch aus politischen Gründen und lebte schließlich in Brasilien und England, wo er jeweils auch als Professor lehrte.[56] Er vertrat zunächst auch die Kopenhagener Deutung, ging aber folgenden Gedanken nach: Wenn es Phänomene gibt, die jeweils einer dieser Theorien entsprechen, sich gegenseitig aber widersprechen, muss es eine übergeordnete Ordnung geben, die beide Theorien jeweils als Grenzfall in sich vereint und so die gesamte Realität abbildet. Wir haben sie nur noch nicht

55 https://de.wikipedia.org/wiki/Kopenhagener_Deutung, 31.1.2020, 13:44

56 https://de.wikipedia.org/wiki/David_Bohm, 31.1.2020 13:34

gefunden. Er schuf mit seiner „Bohmschen Mechanik“ in den 1950er Jahren eine alternative Deutung der Quantenphysik, in der er seine ganz eigene philosophische Sicht mit einbrachte. Er stand in Kontakt mit den Philosophen Martin Buber und Jiddu Krishnamurti, sowie dem Dalai Lama, wurde allerdings manchmal auch eher negativ mit der New Age-Bewegung und Esoterik in Verbindung gebracht. Er hatte allerdings zahlreiche Anhänger und wies vielen den Weg über die klassische Physik hinaus. Im deutschen Klappentext zur Sammlung seiner Aufsätze über die „Implizite Ordnung“ heißt es:

> „David Bohm gilt heute als einer der genialen Vordenker einer neuen Interpretation der Quantenphysik. Seine Gedanken über eine neue ‚implizite Ordnung‘ oder eine holistische Interpretation wissenschaftlicher Erkenntnisse gelten als bahnbrechend. (…) Gerade die neuesten naturwissenschaftlichen Erkenntnisse bestätigen auf eindrucksvolle Weise, wie weitblickend Bohms außergewöhnlicher Ansatz war.“[57]

Unsere Schwierigkeiten damit liegen wohl vor allem daran, dass wir uns unserer alten Denkgewohnheit entsprechend unter Quantenobjekten feste, begrenzte und unabhängige Dinge vorstellen. Dabei handelt es sich bei ihnen stattdessen um sich überlagernde Felder der Wellenfunktion mit allen Möglichkeiten, die nur im Falle einer Interaktion oder Beobachtung konkrete Werte annehmen, und zwar in Verbindung mit dem System, in dem oder durch das die Messung oder Beobachtung stattfindet. Unabhängig be-

57 David Bohm, Die Implizite Ordnung, Crotona Verlag, 2018, Klappentext

steht dieses „Objekt“ nur gänzlich ohne Beobachtung. Wir müssen uns also daran gewöhnen, dass wir die Realität erschaffen, wie wir sie sehen. Unabhängig von uns existiert sie so nicht.

Bohm schrieb, es sei „wichtig zu beachten, dass Fakten nicht als unabhängig existierende Objekte angesehen werden sollten, die wir einfach in einem Labor vorfinden oder aufgreifen können.“[58]

Wir schaffen selbst die Fakten. Und das hat viel tiefere Konsequenzen, als uns so vorschnell bewusst ist; denn unsere Wahrnehmung und unser Denken sind die Grundlage für unser Handeln, so dass wir sehr viel mehr beeinflussen und bestimmen, als uns lieb sein kann.

Bohm fasst die Konsequenz für die Physik so zusammen:

> „Das heißt, dass nicht nur der *Inhalt* der Physik (insbesondere Relativitätstheorie und Quantentheorie) nach einer ungeteilten Ganzheit verlangt, sondern auch die physikalische *Arbeitsweise*.“[59]

Es kommt entscheidend darauf auf, wie wir mit uns, mit den Mitmenschen, mit den Gegenständen, ja mit der Welt umgehen. Dies ist nicht bloß ein moralischer Anspruch. Es ist der einzige Weg, der Realität der Welt gerecht zu werden.

Mit seiner „impliziten Ordnung“ stellte uns Bohm eine Weltsicht vor, in der es keine Grenzen und keine Teile gibt, sondern nur ein

58 Ebenda, S. 195
59 Ebenda, S. 197

bruchloses Ganzes, das sich in ständiger Verwandlung befindet. Er verglich in seinem Aufsatz „Fragmentierung und Ganzheit“[60] dieses Ganze mit einem fließenden Strom, aus dem sich Wellen, Strudel und Kräuselungen herausbilden und als Strukturen manifest werden, um dann wieder im Strom aufgelöst zu werden. Er unterschied dabei auch nicht zwischen einer materiellen Welt und einer geistigen des Bewusstseins, da sich auch Gedanken kurz oder lang manifestieren und halten und dann wieder im Bewusstseinsstrom aufgehen. Er schilderte dieses Werden und Vergehen als Entfaltung und Einfaltung: Entfaltung aus dem Ganzen heraus in eine konkrete Gestalt (also etwas, das unseren gewohnten Naturgesetzen folgt) und erneute Einfaltung in das teilelose Ganze, wodurch diesem Ganzen auch die Erfahrungen des zuvor entfalteten Teiles zugeführt werden. Im eingefalteten Ganzen besteht dabei eine ununterbrochene Verbindung über Raum und Zeit hinweg, wodurch auch Quantenphänomene wie *Verschränkung* und *Fernwirkung* erklärt werden könnten. Und auch während der Entfaltung bliebe natürlich eine Beziehung zum Ganzen erhalten. Bohm schrieb:

> So „muss jede relativ autonome und stabile Struktur (wie zum Beispiel ein atomares Teilchen) als etwas verstanden werden, was nicht unabhängig und dauerhaft existiert, sondern als etwas, das im Zuge der ganzen fließenden Bewegung geformt wurde und sich letztlich wieder in dieser Bewegung auflösen wird. Wie es sich formt und erhält, hängt

60 David Bohm, Fragmentierung und Ganzheit in Hans-Peter Dürr (Hrsg.): Physik & Transzendenz – Die großen Physiker unserer Zeit über ihre Begegnung mit dem Wunderbaren, Driediger, 2010

> von seinem Ort und seiner Funktion innerhalb des Ganzen ab."[61]

Dieses Prinzip der Einfaltung und Entfaltung gilt dabei nicht nur für das Entstehen und Vergehen von Dingen, sondern wirkt sich auch auf unsere Wahrnehmung der Dinge aus. Bohm erklärte dies im Gespräch mit der Philosophin Renée Weber:

> „Generell kann uns nicht die ganze eingefaltete Ordnung aufgezeigt werden, nur einige Formen von ihr manifestieren sich für uns. Bringen wir diese eingefaltete Ordnung in eine manifestierte Form, wird uns die Erfahrung der Wahrnehmung zuteil. Dies bedeutet jedoch nicht, dass die Gesamtheit der Ordnung das ist, was sich manifestiert. Die kartesische Sichtweise wäre: Die Gesamtheit der Ordnung vermag sich potenziell zu manifestieren, obgleich wir vielleicht nicht wissen, wie wir sie zur Manifestation bringen können. Dazu mögen wir Mikroskope, Teleskope und andere Instrumente benötigen. Für die implizite Ordnung macht das, was sichtbar ist, nur einen Bruchteil der eingefalteten Ordnung aus. Daher führen wir die Unterscheidung ein zwischen dem Teil, der manifestiert, und dem Teil, der unmanifestiert ist."[62]

Man sagt ja oft, dass das, was uns bewusst ist, sozusagen nur die Spitze des Eisberges darstellt, während der große Rest unbewusst

---

61 David Bohm, Die Implizite Ordnung, Crotona Verlag, 2018, S. 35

62 Renée Weber, Alles Leben ist eins – Die Begegnung von Quantenphysik und Mystik: II. Die implizite Ordnung und die supra-implizite Ordnung, S. 45

bleibt. Auch ist den heutigen Physikern längst klar, dass das, was wir als Materie und Energie im Universum kennen und beschreiben können, nur ein winziger Teil ist, verglichen zu dem Teil der dunklen Energie und Materie. Bohms Theorie vereint alles in sich und beschreibt nur ein großes Ganzes. Und in dieser Ganzheit ist nicht etwa alles nur vage und unklar, weil es unmanifestiert ist. Im Gegenteil: Seine Implizite Ordnung ist eine *Ordnung* im Ganzen. Bohm beschrieb diese Ordnung im Prinzip der Ein- und Entfaltung in seinem Buch „Die Implizite Ordnung“ noch einmal sehr anschaulich anhand eines anderen Bildes: In eine zähe Flüssigkeit soll ein Tropfen unlöslicher Tinte gegeben werden. Beim Umrühren wird dieser Tropfen nach und nach in einen Faden in der Flüssigkeit verwandelt und schließlich so weit verteilt, dass nur noch ein einheitlicher Grauton zu sehen ist. Wird dann jedoch die Rührrichtung umgedreht, erscheint der Tropfen wieder. Bohm schrieb:

> „Als die Tinte auf scheinbar zufällige Weise verteilt war, besaß sie trotzdem eine gewisse Ordnung, die sich beispielsweise von der unterscheidet, die von einem anderen Tropfen stammt, der anfänglich an einer anderen Stelle platziert wurde. Aber diese Ordnung ist in der ‚grauen Masse‘, die in der Flüssigkeit sichtbar ist, *eingefaltet* oder *impliziert*. Man könnte so tatsächlich ein ganzes Bild ‚einfalten‘.“[63]

So unvorstellbar es sein mag, in dieser grauen undefinierten Masse die Information eines ganzen Bildes zu speichern, aber so ist es in diesem Prinzip sinngemäß: Die Information über die einzelnen

63 David Bohm, Die Implizite Ordnung, Crotona Verlag, 2018, S. 205

Bildpunkte kommt wieder zum Vorschein, wenn man die Rührrichtung umdreht.

Bohm entwickelte damit nicht nur eine ganzheitlichere Sicht auf die Welt, sondern einen ganz neuen Ordnungsbegriff und schrieb:

> „Diese Ordnung darf nicht ausschließlich als regelmäßige Anordnung von *Objekten* verstanden werden (z.B. in Reihen) oder als gleichmäßige Anordnung von *Ereignissen* (z.B. als Abfolge). Stattdessen ist die *Gesamtordnung implizit* in jedem Raum- und Zeitabschnitt enthalten.“[64]

Das Holomovement

Bohm hat also eine neue Ordnung definiert, in der die gesamte Welt in einem Ganzen manifestiert oder unmanifestiert geordnet ist. Doch damit nicht genug. Jetzt hatte er zwar diese Ordnung definiert und einigermaßen anschaulich erklärt, aber das war ihm wohl immer noch zu statisch; denn auch er konnte zur Erklärung ja nur Begriffe verwenden, die nun einmal eigenständige und getrennte Wörter sind. Dabei wollte er ja stets die Ganzheit, und zudem auch noch die Lebendigkeit und Dynamik betonen. Daher führte er wohl für die gesamte implizite Ordnung den Begriff des „Holomovements“ ein. Alle anderen Begriffe wollte er vermutlich am liebsten nicht mehr in ihrer alten Form verwenden. Er schrieb:

64 Ebenda, S. 204

> „Daher sollte das Wort ‚Elektron' nur eine Bezeichnung sein, durch die wir auf eine bestimmte Erscheinungsform des Holomovements aufmerksam machen wollen, eine Erscheinungsform, die nur erörtert werden kann, wenn man die gesamte experimentelle Situation heranzieht, und die nicht durch lokalisierte Objekte beschrieben werden kann, die sich autonom durch den Raum bewegen."[65]

Mit diesem „Holomovement" deckte er auch die Erkenntnis der modernen Physik ab, dass der vormals als leer betrachtete Raum des Universums eigentlich voll ist; denn während Aristoteles noch ein himmlisches Element – den Äther – eingeführt hatte und die späteren Physiker dann von einem Vakuum im All ausgingen, wurde in der modernen Physik festgestellt, dass der leere Raum voller Energie einer Hintergrundstrahlung ist, und Energie ist, wie wir seit Einsteins berühmter Gleichung wissen, in Materie umwandelbar.

Bohm schrieb daher, „dass die Materie, wie wir sie kennen, nur eine kleine ‚quantisierte' wellenförmige Anregung auf diesem Hintergrund ist, wie ein kleines Plätschern in einem riesig großen Meer. (…) Dieses Meer muss als multidimensionale Implizite Ordnung verstanden werden (…), während das gesamte materielle Universum so, wie wir es im Allgemeinen beobachten, als vergleichsweise kleines Anregungsmuster zu behandeln ist."[66]

Es ist eben nur die Spitze des Eisberges, oder bloß eine Welle des Ozeans.

---

65 Ebenda, S. 212
66 Ebenda, S. 258-260

Er betrachtete schließlich auch den Urknall und die daraus resultierende Ausdehnung des Universums als eine Reaktion dieses Meeres, in dem sich durch eine Phasenverschiebung eine immense Welle an Energie aufgebaut haben könnte, die dann explodiert sein könnte, und so würde seine Theorie, die natürlich nur eine Theorie ist und auch infrage gestellt werden darf, soll und wird, viele aktuelle Fragen der Physik erklären.

Bohms Gedanken über unsere gewohnte Weltsicht

Bohms Texte sind jedoch nicht nur durch seine Vorstellung der Impliziten Ordnung und seine ganzheitliche Weltsicht so bedeutsam. Er hatte auch einen sehr klaren Blick auf die Auswirkungen unserer Gewohnheit, alles in Subjekt und Objekt zu trennen, in eine Welt, die wir beherrschen wollen und können, und auf der anderen Seite uns selbst als autonome Betrachter. Er war sich der daraus folgenden Gewohnheit, so auch mit unseren Mitmenschen und dem Leben an sich umzugehen, sehr bewusst und äußerte sich sehr kritisch über die Auswirkungen der Fragmentierung auf die gesamte Gesellschaft. Gerade dadurch, dass er sich so deutlich bewusst war, dass wir normalerweise das, was wir durch unser Denken erzeugen, für wahr und real halten, wagte er sich als Wissenschaftler weit vor und öffnete stets den Raum dafür, dass die Wirklichkeit immer wieder ganz anders aussieht, als wir meinen. So sind auch seine Theorien nicht als etwas Festes, Unveränderliches zu verstehen, sondern als ein Bemühen, dem großen Ganzen immer wieder neu und immer wieder anders zu begegnen.

Er schrieb in seinem Aufsatz „Fragmentierung und Ganzheit“:

> „Der Glaube, dass Theorien wahres Wissen über die Realität vermitteln (was natürlich zur Folge hat, dass diese sich niemals wandeln), verhindert, dass theoretische Anschauungen ihnen innewohnende Grenzen überschreiten können, um so neue Sachverhalte zu verstehen. Obgleich sich natürlich unser modernes Denken wesentlich verändert hat, wenn man es mit dem Altertum vergleicht, verbindet die beiden jedoch ein wesentliches Merkmal: Sie sind beide davon ‚verblendet‘ zu meinen, dass Theorien wahres Wissen über die ‚Realität, wie sie ist‘ vermitteln. So tendieren beide dazu, die Formen und Konturen, die uns unsere Wahrnehmungen unter Zuhilfenahme unserer theoretischen Ansichten vermitteln, mit der von unseren Gedanken und Anschauungsweisen unabhängigen Wirklichkeit zu verwechseln.“[67]

Diese Erkenntnis prägte Bohms Arbeiten, und er grenzte sich mit seiner ganzheitlichen, lebendigen Sicht auf die Welt deutlich und kritisch von anderen Wissenschaftlern ab und sprach wichtige Punkte an, die meiner Ansicht nach im Umgang mit den Naturwissenschaften mehr bedacht werden müssten. So schrieb er etwa:

> „Tatsächlich werden jene Aspekte der Relativitäts- und Quantentheorie, die eine solche Sichtweise erforderlich machen, heruntergespielt und von den meisten Physikern

67 Ebenda, S. 26

gar nicht beachtet, da sie meistens nur als Besonderheiten der mathematischen Berechnungen angesehen werden und nicht als Hinweis auf die wahre Natur der Dinge. Selbst in der informellen Sprache und Denkweise der Physik, die ja gerade das Vorstellungsvermögen und Gespür für das, was wahr und substanziell ist, liefern, nutzen die meisten Physiker noch heute in voller Überzeugung die traditionelle atomistische Vorstellung, dass das Universum aus Elementarteilchen besteht, den ‚Grundbausteinen', aus denen alles zusammengesetzt ist. In anderen Wissenschaften, wie zum Beispiel der Biologie, überwiegt diese Grundeinstellung noch stärker, da innerhalb dieser Gemeinschaft der revolutionäre Charakter der neueren Entwicklungen innerhalb der Physik noch nicht vorgedrungen ist. Moderne Molekularbiologen glauben beispielsweise, dass das Leben und der Geist/Verstand letztlich in mehr oder minder mechanische Begriffe gefasst werden kann, wobei natürlich noch eine Weiterführung der Arbeiten zur Struktur und Funktion der DNS-Moleküle erfolgen muss. Ein ähnlicher Trend beginnt auch die Psychologie zu dominieren. Wir stehen also dem seltsamen Resultat gegenüber, dass gerade in dem Studium vom Leben und Geist/Verstand die Überzeugung von dem fragmentierenden atomaren Ansatz zum Verständnis der Realität am stärksten ausgeprägt ist, obgleich dies gerade die Bereiche sind, in denen die in der ungeteilten und ungebrochenen fließenden Bewegung wirkende Formative Ursache am leichtesten beobachtet und erlebt werden kann."[68]

68 Ebenda, S. 35-36

Seit Bohm seine Gedanken formuliert hat, ist natürlich einige Zeit verstrichen, und die Wissenschaft hat sich weiterentwickelt. Ich glaube aber, dass seine kritische Sicht auch heute – vielleicht mehr denn je – aktuell ist, und wir dringend aufhören müssen, unsere Welt unserem Denkschema entsprechend in Stücke zu brechen[69], wie es Bohm sinngemäß schrieb.

69 Siehe Ebenda, S. 37

Das Problem

Dem Leser oder der Leserin ist vielleicht aufgefallen, welche Erkenntnis alle drei vorgestellten Menschen teilen: Wir behindern uns selbst, und wir trennen uns selbst von der Einheit.

Ich habe in der Einführung versucht zu erklären, wie wir vieles gewohnheitsmäßig tun, was uns vor allem eine Entlastung bringen sollte. So müssen wir nicht immer wieder neu überlegen, wie Autofahren oder Schreiben geht, und wir sind daher frei genug, um optimal auf neue Eindrücke zu reagieren. Gewohnheiten können aber eben auch zum Problem werden, wenn wir einmal Erfahrenes auf neue Situationen anwenden, auf die es nicht passt. Dies gilt nicht nur für äußeres Handeln, sondern eben auch für unsere innere Einstellung und auch für die Art und Weise, wie wir mit uns und unserer Umwelt umgehen.

Im Laufe der Menschheitsentwicklung hat es großartige Fortschritte darin gegeben, was wir durch Verständnis der Naturwissenschaft und durch die daraus resultierende Technologie erreicht haben. Wir haben uns die Welt zu eigen gemacht und sind immer weiter in ihre Geheimnisse vorgedrungen. Das fühlt sich gut an, da wir unseren Handlungsspielraum immens erweitert haben und meinen, alles kontrollieren zu können. Wir denken somit, dass wir Macht über die Realität haben, weil wir sie als Objekt betrachten und analysieren können.

Wir haben die Welt entdeckt, benannt, klassifiziert, geordnet und damit kontrollierbar gemacht, sie dabei jedoch auch in immer kleinere Stücke zerlegt. Hier schränken wir die Realität auf das ein, was wir meinen verstanden zu haben, und blockieren uns für neue Möglichkeiten der Betrachtung. Vielen fällt es zunehmend schwerer, noch das Ganze im Blick zu behalten. Das habe ich vor allem auch an der Universität erlebt. Ich erlebte es als Geschenk, einen alten Professor noch kurz vor seiner Emeritierung zu hören, der uns mit der Zellbiologie auch einen Blick für die Muster und Symmetrie im Pflanzenreich und – daraus abgeleitet – in der Architektur berühmter Kathedralen und dergleichen gab. In den Fächern Genetik, Neurobiologie und Entwicklungsbiologie traf ich jedoch später eher auf Professoren, die schon nicht mehr eine Maus als Tier in seinem Lebensraum im Blick hatten, sondern nur noch ihre Teile.

Uns fehlt in unserer immer mehr entwickelten und so sehr beschleunigten Welt ein Schritt zurück, der es uns erst einmal erlaubt, zu atmen und zu schauen. Wirklich zu schauen und sich überraschen zu lassen von dem, was einem da begegnet. Wir meinen zu schnell, bereits alles zu wissen. Zu wissen, was wir beherrschen, und auch zu wissen, mit wem wir gerade reden. Doch wissen wir das eigentlich überhaupt nicht. In einer wirklich lebendigen Begegnung ist immer wieder alles neu. Und angesichts dieses Neuen wäre Fragen, Staunen und Ehrfurcht eine viel angemessenere Reaktion, andernfalls legen wir selbst unsere Wirklichkeit auf das fest, was wir haben möchten, und verpassen die Lebendigkeit des neuen Augenblicks. Dies klingt vielleicht nicht sehr wissenschaftlich, basiert jedoch auf den neuesten Erkenntnissen der Naturwissenschaft – der Quantenphysik – die auch unser Bewusstsein miteinschließt.

Seit dem Sprachgebrauch der Antike finden wir uns aber als Betrachter und Denker als Subjekt und das Betrachtete als Objekt wieder. David Bohm stellte in seinen Überlegungen über das Wort „Realität" dar, dass es einerseits vom lateinischen „res", also Sache oder Ding, und andererseits vom Verb „reri", also denken, abstammt.[70] Wir denken also über die Dinge nach und erschaffen ihnen damit eine gewisse Realität und gehen dennoch davon aus, dass diese über unsere Vorstellungskraft hinausgeht und es eine von uns unabhängige Realität gibt. Bohm betonte jedoch auch, dass die tatsächliche Realität uns mit Eigenschaften des „Dinges" quasi überraschen kann, die wir nicht erwarteten und die nicht in unser Konzept passen, und führt meiner Ansicht nach einen sehr wichtigen Punkt an: Wir wollen zwar stets alles widerspruchsfrei begreifen und damit kontrollieren können, verpassen jedoch damit oftmals das Wesentliche.

So hatte auch Meister Eckhart bereits darauf hingewiesen, dass die Realität eine andere als die gedachte sein müsse. Vor allem kam es ihm dabei natürlich auf die Begegnung mit der Wirklichkeit Gottes an, und er predigte, wie schon erwähnt, wie folgt:

> „Der Mensch soll sich nicht genügen lassen an einem ge-

70 Siehe David Bohm, Die Implizite Ordnung, Crotona Verlag, 2018, S. 84-85

> dachten Gott; denn wenn der Gedanke vergeht, vergeht auch der Gott.“[71]

Wir möchten also gern die Realität erfassen, wie sie ist, unabhängig von uns, und meinen, dies durch immer bessere, objektivierbare Mittel erreichen zu können. Wenn ich jedoch quantenphysikalisch in immer feinere, genauere Schichten vorstoßen möchte, tritt dabei ein merkwürdiges Phänomen auf: Je genauer ich die Wirklichkeit erfassen und kategorisieren will, desto mehr entgleitet sie mir. Je genauer ich zum Beispiel einen Punkt im Raum lokalisieren möchte, desto mehr sorge ich dafür, dass er verschwindet. Der Physiker Carlo Rovelli hat das in seinem Buch „Die Wirklichkeit, die nicht so ist, wie sie scheint“ sehr gut anhand der Unschärferelation erklärt:

> „Je länger man den Ort eines Teilchens zu lokalisieren versucht, desto größer ist die Geschwindigkeit, mit der es entweicht (Heisenbergs ‚Unschärferelation‘). Wenn das Teilchen mit hoher Geschwindigkeit davonschießt, heißt dies, dass es viel Energie hat. Erinnern wir uns nun aber an Einsteins Theorie: Energie krümmt den Raum. Große Energie würde demnach den Raum stark krümmen. Wenn ich viel Energie auf kleinstem Raum konzentriere, krümme ich den Raum zu stark, worauf er wie ein kollabierender Stern in ein Schwarzes Loch stürzt. Aber wenn das Teilchen in einem schwarzen Loch verschwindet, wird es für mich unsichtbar.“[72]

---

71 Meister Eckhart, Deutsche Predigten und Traktate, Herausgegeben und übersetzt von Josef Quint, Diogenes Verlag, 1979, Reden der Unterweisung, S. 60

72 Carlo Rovelli, Die Wirklichkeit, die nicht so ist, wie sie scheint, Rowohlt Verlag, 2017, S. 168-169

Dies klingt erst einmal vor allem amüsant, ist aber erstens richtig und zweitens auch noch ein gutes Gleichnis für die Vergeblichkeit unserer Bemühungen. Viele kennen dabei sicher auch das schöne Bild einer Handvoll von Sand. Wenn ich meine Hand zu fest um den kostbaren Sand schließe, rinnt er mir durch die Finger. Eine offene Hand jedoch ist in der Lage, das gesamte Universum zu halten.

Ein weiteres Problem, das wir bei der Erfassung der Realität meist übersehen, schilderte Bohm, indem er auch über den Zeitpunkt unserer Betrachtung sprach. Er lieferte dazu das Beispiel einer Geschwindigkeitsberechnung, die sich natürlich aus der Differenz zweier Orte geteilt durch die Differenz zweier dazugehöriger Zeitpunkte ergibt. Dabei betrachten wir allerdings einen Gegenstand, der sich zum Zeitpunkt 1 an einem Ort 1 befindet und zum Zeitpunkt 2 an einem Ort 2. Wenn er an Ort 2 angekommen ist, existiert er aber am Zeitpunkt 1 schon nicht mehr. Das ist Vergangenheit. Bohm betonte, dass wir also versuchen, etwas, *das ist*, mit etwas, *das nicht ist*, zu verknüpfen.[73] Es dürfte jedem einleuchten, dass das eigentlich nicht gehen kann.

Laut Bohm würden sich solche logischen Probleme in seiner eigenen Theorie nicht ergeben:

> „Vom Standpunkt der Impliziten Ordnung ist Bewegung jedoch eine Beziehung bestimmter Phasen von dem, *was ist*, zu anderen Phasen von dem, *was ist*, die sich in unterschiedlichen Einfaltungsstufen befinden. Diese Vorstellung

73 Siehe David Bohm, Die Implizite Ordnung, Crotona Verlag, 2018, S. 273

> beinhaltet, dass das Wesen der Gesamtrealität in der obigen Beziehung zwischen verschiedenen Phasen in unterschiedlichen Einfaltungsstufen besteht (statt beispielsweise in einer Beziehung zwischen verschiedenen Teilchen und Feldern, die alle explizit und manifest sind)."[74]

In dieser Ordnung der Einfaltung bestünde ja eine direkte Verbindung über Raum und Zeit hinweg, bzw. gäbe es Raum und Zeit gar nicht. So kann Bohm Dinge in der Gegenwart mit Dingen in der Vergangenheit oder in der Zukunft verknüpfen, die nicht mehr oder noch nicht existieren, also manifestiert sind, aber eben implizit vorhanden sind. Und so erfasst er die Realität viel umfassender als wir es gewohnt sind.

Denn nach unserer alten wissenschaftlichen Sicht haben wir trotz aller Bemühungen und trotz des Glaubens an den technischen Fortschritt immense Probleme, die Welt so zu erfassen, wie sie wirklich ist. Neben dem Problem mit der Zeit möchten wir zudem eine Realität erfassen, die von uns unabhängig ist und außerhalb unserer Gedanken existiert. Wir verkennen jedoch, dass wir stets mit ihr verbunden sind und sie allein durch unsere Existenz beeinflussen und verändern. Und hier kommt es entscheidend darauf an, wie wir das tun, wie wir dabei mit uns umgehen, wie wir denken und handeln. Ob wir uns als Teil des Ganzen empfinden und uns auch so verhalten oder ob wir uns trennen.

Bohm betonte, „dass die Ganzheit real und die Fragmentierung nur die Reaktion dieser Ganzheit auf die Handlungen des Men-

74 Ebenda, S. 275

schen ist, der von einer illusorischen Wahrnehmung geleitet wird, die durch sein fragmentarisches Denken geformt wurde."[75]

Bohm schilderte auch sehr eindrücklich die Folgen, die ein solches zerteilendes Weltbild auf die gesamte Welt hat: sozial, politisch, ökonomisch, ökologisch oder psychologisch.[76]

Gut 140 Jahre vor ihm wies John Dewey im Vorwort zu Alexanders drittem Buch auf einen damit zusammenhängenden Punkt hin:

> „Die Tatsache, dass wir die Kontrolle über physische Energien wie Wärme, Licht, Elektrizität usw. gewonnen haben, ohne zuerst die Kontrolle über unseren Selbstgebrauch sichergestellt zu haben, ist bei der gegenwärtigen Weltlage ein offensichtlich gefährlicher Zustand. Ohne die Kontrolle über den Gebrauch unserer selbst sind wir auch im Gebrauch anderer Dinge blind, und es ist kaum abzusehen, was alles passieren könnte."[77]

Ja, wir sind es, die die Welt zerstückeln und mit ihr, genau wie mit uns selbst, nicht richtig umgehen. Noch ein paar Jahrhunderte früher wies auch Eckhart sehr deutlich darauf hin:

> „Nicht das ist schuld, dass dich die Weise oder Dinge hindern: du bist es (vielmehr) selbst in den Dingen, was dich

75 Ebenda, S. 27
76 Siehe Ebenda, S. 38
77 F. M. Alexander: Der Gebrauch des Selbst, Karger Verlag, 2001, Vorwort S. XVII

hindert, denn du verhältst dich verkehrt zu den Dingen. Darum fang zuerst bei dir selbst an und lass dich! (...) Richte dein Augenmerk auf dich selbst, und wo du dich findest, da lass von dir ab; das ist das Allerbeste."[78]

Dieser große Meister hatte es bereits im Mittelalter verstanden, den Menschen darauf hinzuweisen, dass wir selbst „die Ursache aller unserer Hindernisse"[79] sind und wir uns zur Wirklichkeit, die Gott ist, verkehrt verhalten. Damals entsprach die naturwissenschaftliche Erkenntnis noch nicht unserem Stand. Dies kann einerseits als Nachteil gesehen werden, weil viele Informationen noch nicht verfügbar waren, andererseits aber auch als Vorteil, da die Fragmentierung damit auch noch nicht so weit fortgeschritten war. Jedenfalls hatte Eckhart einen wahrhaft zukünftigen Blick auf die Situation des einzelnen Menschen in seinem Suchen nach Gott – und der Wirklichkeit. Er erklärte:

> „Drei Dinge hindern den Menschen, so dass er Gott auf keinerlei Weise erkennen kann. Das erste ist Zeit, das zweite Körperlichkeit, das dritte Vielheit. Solange diese drei in mir sind, ist Gott nicht in mir noch wirkt er in mir in eigentlicher Weise. (...) Diese Dinge müssen stets hinaus, soll Gott hinein, es sei denn, du hättest sie in einer höheren und besseren Weise so, dass die Vielheit zur Eins in dir geworden wäre."[80]

---

78 Meister Eckhart, Deutsche Predigten und Traktate, Herausgegeben und übersetzt von Josef Quint, Diogenes Verlag, 1979, Reden der Unterweisung 3, S. 55-56

79 Ebenda, Predigt 5, S. 177

80 Ebenda, Predigt 12, S. 208

Wir können das nun mit der Quantenphysik und dem Wissen über Körper und Geist als psychophysische Einheit so verstehen: Die *Zeit* kommt erst durch Wechselwirkungen ins Spiel. Physikalisch betrachtet, wird sie erst wichtig, wenn Prozesse Wärme erzeugen oder verbrauchen. Erst dann werden Prozesse unumkehrbar, und es gibt eine Vergangenheit und eine Zukunft. Im gesamten Quantenfeld spielt die Zeit keine Rolle. Hier gibt es eine direkte Verbindung über Ort und Zeit hinweg.

Die *Körperlichkeit*, die Eckhart hier nennt, hat nichts mit der oft vorgebrachten, angeblichen „Leibfeindlichkeit" der Kirche zu tun. Es geht hier meiner Ansicht nach darum, dass erstens bei der Manifestation der Materie eben die vielfältige Quanteninformation verloren geht und zweitens der Mensch selbst sich versteift und festhält.

Die *Vielheit* wiederum deute ich nach den Texten Bohms als unser Bestreben, alles zu begreifen, zu unterscheiden, zu benennen und zu kategorisieren, wodurch wir selbst die Fragmentierung hervorbringen.

In Bohms Impliziter Ordnung gilt nur die Ewigkeit, an der wir bereits in unserem Leben Anteil haben, wie Eckhart sagte:

> „Es gibt ein oberstes Teil der Seele, das steht erhaben über die Zeit und weiß nichts von der Zeit noch vom Leibe."[81]

Die Frage bleibt, wie wir die Fragmentierung verhindern und Anteil haben können an dieser Ewigkeit und Ganzheit, die uns vom Mittelalter an bis in die moderne Naturwissenschaft beschäftigt,

81 Ebenda, Predigt 49, S. 383

und wie wir diesen „wesenhaften Gott“ erfassen können, „der weit erhaben ist über die Gedanken des Menschen und aller Kreatur.“[82]

82 Ebenda, Reden der Unterweisung 6, S. 60

Eine mögliche Lösung

Nachdem wir die Schwierigkeiten und Probleme betrachtet haben, die sich aus der Fragmentierung der Welt und unserem schlechten Gebrauch mit ihr und mit uns selbst ergeben, stellt sich die Frage, was wir dagegen tun und wie wir die Fragmentierung beenden können.

Die Antwort ist zunächst simpel: Wir müssen die Welt und uns in ihr wieder als Einheit betrachten. Dazu helfen uns die neuen Erkenntnisse der Quantenphysik und Neurophysiologie, die alte Erkenntnisse betätigen und vertiefen. Hier kommen immer mehr Wissenschaftler zu dem Schluss, dass alles eins ist und wir nicht unterscheiden können zwischen fester Materie und der gedanklichen Welt unseres Bewusstseins, ja sogar, dass diese zwei sich gegenseitig beeinflussen. Sie betrachten auch das Bewusstsein als Teil des gesamten Quantenfeldes.

Wie viele andere Forscher hatte sich auch Bohm zunächst Gedanken darüber gemacht, ob nicht Erinnerungen im Gehirn in Form von festen Strukturen oder Engrammen abgespeichert sind. Auch wenn es in der neueren Forschung immer wieder Hinweise dafür gibt, dass man Gedächtnisengramme identifizieren, isolieren und sogar übertragen kann, als könne man sie quasi auf einen USB-Stick laden und auf einen anderen Computer überspielen, gehe ich doch mehr mit der Ansicht Bohms, der die Arbeit von Karl Pribram zitierte und erklärte, dass Erinnerungen doch eher über das gesamte Gehirn hinweg aufbewahrt werden und nicht so leicht isoliert behandelt werden können.[83] Er führte zurecht aus, dass sich ja Erinnerungen an verschiedene Ereignisse und Zeiten überlagern und mischen können und zudem noch durch unsere Sinneseindrücke, Gedanken, Assoziationen und Emotionen gefärbt werden, wobei das gesamte Gehirn beteiligt ist und wodurch ein unteilbarer Gesamteindruck entsteht. Und unser Bewusstsein umfasst natürlich noch wesentlich mehr. Mir persönlich gefällt solch eine ganzheitliche Sicht viel besser, und ich halte sie für wesentlich passender angesichts der Komplexität unseres Bewusstseins. Neurobiologisch werden Verknüpfungen erstellt, wenn Nervenzellen gemeinsam aktiviert werden, und ein Abrufen einer Information geht wieder mit einem solchen gemeinsamen Aktivierungsmuster einher. Bestehende Verknüpfungen sind nicht etwa fest verlötet wie auf einer Platine im Computerchip, sondern werden fortwährend durch Aktivierung gefestigt oder bei Nicht-Aktivierung eben auch geschwächt oder sogar aufgelöst. Hier stellt sich, meiner Ansicht nach, die entscheidende Frage:

> Können wir beeinflussen, wie diese Aktivierung aussieht? Können wir beeinflussen, wie wir unsere Realität durch unsere Gedanken erschaffen?

Wir haben anhand der Alexander-Technik bereits besprochen, dass unsere Reaktionen in bestimmten Situationen natürlich maßgeblich dadurch bedingt und gesteuert werden, welche In-

83 Siehe David Bohm, Die Implizite Ordnung, Crotona Verlag, 2018, S. 268

formationen wir abrufen und nutzen, bzw. durch welche Informationen wir uns steuern lassen. Hier spielt eben nicht nur der Frontallappen des Großhirns eine Rolle, mit dem wir stets zielstrebend bewusst Entscheidungen fällen. Unsere Gewohnheiten aus tiefer liegenden Hirnschichten spielen hier automatisch mit hinein. In den Basalganglien unterhalb der Großhirnrinde liegen automatisierte Abläufe parat (wie Laufen oder Schreiben), die wir einmal mühsam erlernt haben und fortan leicht und automatisch abrufen und sogar beliebig anpassen können. Wir wissen, wie Laufen geht, unabhängig davon, ob wir auf ebenem Beton, glattem Eis oder auf weichem Waldboden laufen, und wir können schreiben und skalieren die Schrift automatisch auf einen kleinen Spickzettel, normales Papier oder eine große Tafel. Einerseits wird hier positiv entschieden, welches Muster gerade ablaufen soll, andererseits wird aber auch unterdrückt, welches Muster gerade nicht gefragt ist. Diese „Sets" dienen uns und sparen Kapazitäten für andere Dinge. Manchmal behindern sie uns aber auch, wenn wir eigentlich nicht aus unseren Gewohnheiten heraus reagieren wollen und uns nicht ständig von unseren Emotionen beherrschen lassen wollen usw. Hier könnte Bohms Ansatz uns dazu bringen, unser Bewusstsein als Ganzes zu betrachten, mit einem gewissen Abstand, der einen sich selbst wertfrei beobachten lässt, im Sinn von:

> „Ah ha, das und das passiert gerade. Diese Erinnerungen und Gefühle werden aktiviert. Das denke und urteile ich gerade. Diesen und jenen Handlungsimpuls verspüre ich gerade."

Indem wir hierauf unsere Aufmerksamkeit richten und das Gesamtgeschehen als ungeteiltes Ganzes betrachten und uns selbst nicht als getrennt davon, aber eben auch nicht komplett davon vereinnahmt und beherrscht, können wir Anteil erhalten an allen Möglichkeiten, die sich hieraus ergeben.

David Bohm hatte hierzu jedoch zwei entscheidende Punkte festgehalten: Zum einen denken die meisten Menschen, dass ihr Denkprozess unabhängig von dem ist, worüber sie nachdenken. Und zum anderen sind sie quasi wiederum nicht unabhängig genug davon, denn sie fragmentieren nicht nur die Welt, über die sie nachdenken, sondern damit auch sich selbst.[84] Er schildert das Problem folgendermaßen:

> „Wir werden also genau dann, wenn wir versuchen herauszufinden, was wir gegen die Fragmentierung tun können, in eben diese Angewohnheit verfallen und so eine weitere Form der Fragmentierung schaffen. Das heißt natürlich nicht unbedingt, dass es keinen Ausweg gibt, aber es bedeutet, dass wir einhalten müssen, um nicht mit unseren gewohnheitsmäßigen fragmentierenden Denkstrukturen fortzufahren, während wir nach Antworten suchen, die schnell zur Hand sind."[85]

Ich weiß leider nicht, ob David Bohm mit der Alexander-Technik vertraut war, aber falls er es nicht war, ist es bemerkenswert, wie ähnlich seine Erkenntnisse denen Alexanders sind. Denn genau

---

84 Siehe David Bohm, Die Implizite Ordnung, Crotona Verlag, 2018, S. 40
85 Ebenda, S. 39

wie Alexander sprach er hierbei von einem Innehalten im Denken. Und genau wie er schilderte auch Alexander, wie sich der gewohnheitsmäßige Gebrauch über alle Teile von Körper und Geist erstreckt und wie sich diese Verknüpfung hinderlich auf eine erfolgreiche Veränderung auswirken kann. Alexander schrieb:

> „Man muss sich unbedingt vergegenwärtigen, dass bei jeder Tätigkeit der Gebrauch eines spezifischen Körperteils immer eng mit dem Gebrauch anderer Teile des Organismus verknüpft ist und dass sich – je nach Art des Gebrauchs dieser Körperteile – der wechselseitige Einfluss fortwährend verändert. Wird ein während einer Tätigkeit direkt benutzter Körperteil auf eine vergleichsweise neue und noch ungewohnte Art eingesetzt, dann ist der Stimulus, diesen Teil auf die neue Art zu gebrauchen, verhältnismäßig schwach im Vergleich zu dem Stimulus, die indirekt betroffenen Teile des Organismus während der Tätigkeit nach der alten, gewohnten Gebrauchsweise einzusetzen."[86]

Gewohnheiten sitzen eben tief, und wir haben sie uns einmal aus gutem Grund angeeignet, oft genug, weil sie damals die beste Lösung darstellten. Und weil es einmal so funktionierte, zumindest eben, so gut es damals ging, ist dieser Weg auch noch über das Belohnungssystem im Gehirn gut verankert, das alle Bahnen verstärkt, die zu einem gewünschten Ergebnis führen. Kein Wunder also, dass der Prozess des Verlernens dieser alten Gewohnheiten Zeit und vor allem Übung und Wiederholung braucht. Doch obwohl es dauert, kann man bereits ganz schnelle Erfolge erzielen,

86 F. M. Alexander: Der Gebrauch des Selbst, Karger Verlag, 2001, S. 13

indem man sich erst einmal dessen bewusst wird, was man da tut. Das allein ändert schon viel, wenn man wahrnehmen, innehalten und neu wählen kann. So erarbeitete sich Alexander seinen Ausweg aus dem gewohnheitsmäßigen Gebrauch in seinem Plan aus Inhibition, neuen Anweisungen und dem Moment der freien Entscheidung. Bohm betonte ganz ähnlich die Wichtigkeit der Wahrnehmung und der Möglichkeit der Beendigung allein durch diesen entscheidenden Aspekt. Denn ich kann nur ändern, was ich auch erkenne, und indem ich es erkenne, kann ich es bereits unterlassen. Bohm schrieb:

> „Daher sollte der Mensch auf seine gewohnheitsmäßige, fragmentarische Denkweise achten, sich dessen bewusst sein und sie so beenden. (…) Damit dies geschieht, muss sich der Mensch jedoch seines Denkvorgangs als solchem bewusst werden, d.h. ihn als eine Ansicht, eine Anschauungsweise erkennen, anstelle eines ‚wahren Abbilds der Realität, wie sie ist'."[87]

Das ist, psychologisch gesehen, ein richtiger Pferdefuß. Wie viele Menschen sind der festen Ansicht, dass das, was sie gerade wahrnehmen, die Realität ist, und ihre Gefühle die absolut angemessene Reaktion auf eine bestimmte Situation sind? Sie vergessen dabei nur völlig, dass ihr gesamtes Wesen, ihre Erfahrungen und alles, was sie selbst mitbringen, da mit hineinspielt. Bohm hat dabei einen „Trick" entwickelt, um sich selbst auf die Schliche zu kommen:

87 David Bohm, Die Implizite Ordnung, Crotona Verlag, S. 27

> „Tatsächlich ist der beste Weg, um herauszufinden, wie man durch eine Gewohnheit konditioniert ist (so wie weitgehend durch den üblichen Gebrauch der Sprache), sorgfältig und nachhaltig auf die eigene Reaktion zu achten, wenn man ‚sich selbst auf die Probe stellt', um zu schauen, was passiert, wenn man etwas völlig anderes als das Automatische und Gewohnheitsmäßige tut."[88]

Das ist ein wirklich lohnenswertes Experiment und hält sicher einige Überraschungen bereit.

Bohm dachte aber noch weiter über das Problem der Fragmentierung unseres Selbst-Weltbildes nach und sah einen Großteil darin begründet, dass uns unsere Sprache eine Trennung zwischen Subjekt und Objekt vorgaukelt, wie ich oben bereits erwähnt habe. Er machte daher gedanklich ein Experiment mit einer neuen Art der Sprache, die er den „Rheomodus" nannte, also eine Sprache, die dem Fließen der ungeteilten Ganzheit entspricht. Dazu überlegte er zunächst, wie die Syntax der Sprache geändert werden müsste, und fand folgende Ansätze:

- Zunächst müsste dem Verb die hauptsächliche Bedeutung zukommen, da sich hier die eigentlich vorherrschende Bewegung ausdrückt, die nichts Trennendes hat.
- Ferner müsste sich der Sprechende stets in jedem Moment des Sprechens der Funktionsweise des Sprechens bewusst sein.
- Er führte also eine Art reflexiven Bezug ein und prüfte zudem die Relevanz der Aussage.

88 Ebenda, S. 52

Er führte dazu aus:

> „Wenn man eine Aussage zur Relevanz macht, behandelt man Denken und Sprache als Realitäten, die auf derselben Stufe stehen wie die Inhalte und der Kontext, auf die sie sich beziehen. Tatsächlich wendet man in dem Moment, in dem die Aussage gemacht wird, seine Aufmerksamkeit sowohl dem Kontext als auch der allgemeinen Sprach- und Denkfunktion zu, um zu sehen, ob sie zusammenpassen. Daher handelt es sich bei der Erkenntnis der Relevanz oder Irrelevanz einer Aussage hauptsächlich um einen Wahrnehmungsvorgang höchster Ordnung, vergleichbar mit dem, der dazu dient, wahr oder falsch zu erkennen."[89]

Er versuchte also, durch die Bewertung des Denk-Inhaltes und des Denkvorganges beide auf die gleiche Ebene zu bringen und somit die Trennung zu überwinden. Er führte dabei eine poetischere, freiere Art der Sprache ein und schuf neue Verben und daraus abgeleitete Substantive und Adjektive, um die wichtigen Vorgänge der Wahrnehmungsüberprüfung zu schaffen. Er benutzte das Wort „levieren" für das Hervorheben der Sprache und die Überprüfung, „ob dieser Inhalt einem umfassenderen Kontext entspricht oder nicht". Das Wort „re-levieren" bedeutete für ihn, „einen bestimmten Inhalt in einem bestimmten Kontext erneut so hervorzuheben, wie es Denken und Sprache nahelegen."[90] Dabei schaute er dann, ob in diesem Wahrnehmungsprozess eine Übereinstimmung mit dem Kontext besteht. In diesem Fall wäre das „Re-levieren" „re-levant" und der

89 Ebenda, S. 58
90 Ebenda, S. 60

Zustand der „Re-levation“ auch. Das Gegenteil der „Irre-levation“ bedeutete dann, dass es keine richtige Aufmerksamkeit gab.

Dies ist Bohms Ausweg aus der Fragmentierung, wenn auch ein sehr komplizierter. Er schrieb:

> „Damit beinhaltet Irre-levation die Notwendigkeit, der Tatsache Aufmerksamkeit zu schenken, dass es an rechter Aufmerksamkeit fehlt. Natürlich wird die Irre-levation gerade durch die aufmerksame Beachtung dieser mangelnden Aufmerksamkeit beendet. (…) So werden der Gedankeninhalt und seine tatsächliche Wirkung als Einheit gesehen und empfunden, und man kann verstehen, was es bedeutet, wenn die Fragmentierung an ihrem eigentlichen Ursprung aufhört zu existieren.“[91]

Der Kern seines Ausweges ist jedoch viel einfacher und der Umweg über diese komplizierte Sprache aus meiner Sicht nicht nötig. Die Aufmerksamkeit auf die Gegenwart und die Wahrnehmung all dessen, was ist und gerade innerhalb und außerhalb von mir abläuft, reicht völlig aus. Bohm schuf aber mit seiner neuen Sprachform ein weiteres Hilfsmittel, um die Fragmentierung durch Aufmerksamkeit zu beenden, in dem er das Wort „vidieren“ für jede Form der Wahrnehmung einführte und überprüfte, ob diese „re-vidant“ oder „irre-vidant“ ist, also zuverlässig oder trügerisch und falsch. Diese Begriffe vermischen sich mit den vorhergenannten, und Bohm erklärte ihre Funktion folgendermaßen, allerdings auch sehr verwirrend:

---

91 Ebenda, S. 61-62

> „Bei dem Akt der Vidation ist es erforderlich, den Inhalt zur Beachtung zu levieren, während der Akt der Levation diesen Inhalt vidieren muss.“[92]

Er meint also, dass man für die Wahrnehmung den Inhalt zur Beobachtung hervorheben muss, während ich beim Hervorheben den Inhalt wahrnehmen muss. Das passiert allerdings bei korrekter Wahrnehmung sowieso. Er macht aber genau hier den Unterschied, denn dies gilt nur für korrekt wahrgenommene Dinge ohne Fragmentierung. Für eine Wahrnehmung der Trennung führte er noch den Wortstamm „dividere“ ein, und Irre-divation entspricht der Fragmentierung, also einer fehlerhaft angenommenen Trennung, die ja eigentlich nicht existiert. Sie wird dann beendet, sobald wir unsere Aufmerksamkeit darauf richten. Also ist dieser Schritt eigentlich überflüssig, wenn wir bei der korrekten Wahrnehmung bleiben. Hier beißt sich die Katze selbst in den Schwanz, da Bohm ja davon ausgeht, dass man mit seiner schlechten Angewohnheit der Fragmentierung nicht korrekt wahrnehmen kann. Für den Übergang hin zur Einheit in der Wahrnehmung verlangt er schließlich einen Schritt des Ordnens, „die der Ordnung dessen entspricht, was wir beobachten wollen, da wir andernfalls nicht sehen werden, was es zu sehen gibt.“[93]

Für mich persönlich macht Bohms experimenteller Sprachgebrauch einen sehr kopflastigen Eindruck. Die Essenz dessen ist jedoch klar: es braucht eine Schulung der Wahrnehmung und der Überprüfung der wahrgenommenen Denkinhalte oder Reaktio-

---

92 Ebenda, S. 63
93 Ebenda, S. 65

nen in uns. Sobald wir erkennen, dass wir uns von der bloßen Wahrnehmung trennen und feste Fakten schaffen wollen, indem wir bewerten und kategorisieren, sind wir aus dem immerwährenden fließenden Modus „herausgefallen", können ihn jedoch durch Rückkehr zur Wahrnehmung wieder erneuern. Dabei erreichen wir laut Bohm Folgendes, das meiner Ansicht nach besser und ganzheitlicher ausdrückt, was er mit dem „Rheomodus" bezweckt:

> „Wir unterscheiden also nicht deutlich zwischen dem Vorgang der Wahrnehmung und dem Experiment, der Wirkung dessen, was wir wahrnehmen und was wir experimentell erforschen, auf der einen Seite und dem Vorgang der verbalen Kommunikation über das, was wir beobachtet und getan haben. Dies alles betrachten wir als verschiedene Seiten oder Aspekte einer bruchlosen und ungeteilten Gesamtbewegung, die sowohl hinsichtlich ihrer Funktion als auch ihres Inhaltes eng miteinander verknüpft sind (und so verstricken wir uns nicht in der fragmentarischen Trennung zwischen unseren ‚inneren' mentalen Aktivitäten und ‚äußeren' Wirkungen."[94]

Damit wollte er vermutlich auf nichts anderes hinaus als auf die Tatsache, dass es eben niemals nur einen objektiven Beobachter geben kann, sondern dass allein die Beobachtung die Realität bereits verändert, weil der Beobachter mit ihr interagiert. Allerdings darf der Beobachter nie so weit gehen, sich einerseits zu sehr auf die Dinge einzulassen, noch zu sehr zu trennen, da er sie damit

94 Ebenda, S. 73-74

nicht so lässt, wie sie sind. Meister Eckhart nannte dies „bei den Dingen und nicht in den Dingen“.[95]

Als ich Bohms Buch über die Implizite Ordnung las, fiel mir spontan Michael Endes Momo ein, die im Film auf die Frage, was sie denn in der Ruine täte, einfach nur sagte: „ich wohne“. Sie sagte nicht einmal „Ich wohne hier“, was wieder eine Trennung in ein Subjekt und in einen Ort hervorgebracht hätte. Sie wohnt einfach, genauso wie sie einfach lebt. Momo lebt allein im Hier und Jetzt. Und sie lässt sich nicht von irgendwelchen Vorurteilen oder Annahmen einnehmen. Sie ist einfach. Und genau dadurch berührt sie so viele Menschen und kann ihnen immer genau das geben, was diese brauchen.

Meister Eckhart drückte dies so aus:

> „Die Leute brauchten nicht so viel nachzudenken, was sie tun sollten; sie sollten vielmehr bedenken, was sie wären. (…) Nicht gedenke man Heiligkeit zu gründen auf ein Tun; man soll Heiligkeit vielmehr gründen auf ein Sein, denn die Werke heiligen nicht uns, sondern wir sollen die Werke heiligen.“[96]

Es geht nicht darum, dass wir irgendetwas erreichen müssten. Wir sollen einfach leben. Eckhart schrieb:

> „Warum lebst du? Ich lebe darum, dass ich lebe. Das kommt

95 Meister Eckhart, Deutsche Predigten und Traktate, Herausgegeben und übersetzt von Josef Quint, Diogenes Verlag, 1979, Predigt 28, S. 285

96 Ebenda, Reden der Unterweisung 4, S. 57

> daher, weil das Leben aus seinem eigenen Grund lebt und aus seinem Eigenen quillt; darum lebt es ohne Warum.“[97]

Und an anderer Stelle schrieb er zu diesem „ohne Warum“ noch sehr schön:

> „Warum lebst du? – Traun, ich weiß es nicht! Aber ich lebe gerne!“[98]

97 Ebenda, Predigt 6, S. 180
98 Ebenda, Predigt 49, S. 384

Fallstricke

Ich habe eingangs bei der Vorstellung der Alexander-Technik erklärt, dass es folgende Schwierigkeit beim Umlernen des eigenen Gebrauches gibt: da sich unsere Sinne stets an die aktuelle Situation anpassen und gewöhnen, um von dort aus jeweils auf etwas Neues reagieren zu können, fühlt sich das Alte vertraut und damit von uns bewertet als „richtig“ an. Jedes Neue wird erst einmal als anders und damit als „falsch“ bewertet. Das ist durchaus sinnvoll von unserem Gehirn, weil dieses Gefühl von „neu und falsch“ uns unbewusst dazu bringt, genauer hinzusehen, zu hören oder zu spüren, um mehr Informationen zu erhalten und somit optimal auf die neue Situation reagieren zu können. Wenn wir aber uns selbst beziehungsweise unseren Umgang mit uns selbst ändern wollen, bereitet uns diese Eigenschaft unseres Gehirns Schwierigkeiten, denn hier erscheinen nun unsere Sinneswahrnehmungen eben fehlerhaft. Wir wollen etwas Neues richtig machen und ernten stets die Rückmeldung, dass da etwas nicht stimmt. So einfach ist das mit der Änderung des eigenen Umgangs also nicht, und Alexander fasste das Problem so zusammen:

> „Wir halten allgemein an der weit verbreiteten Annahme fest, dass es genüge, gesagt zu bekommen, was zu tun sei,

> um eine falsche Verhaltensweise zu korrigieren, und dass alles in Ordnung sei, wenn wir das Gefühl haben, wir täten dies auch. Meine ganze Erfahrung läuft jedoch darauf hinaus, dass diese Annahme auf einer Täuschung beruht.“[99]

Denn wir tun eben nicht, was wir Neues tun wollen, solange es sich falsch anfühlt. Wir tun ohne unser bewusstes Wissen immer noch das Alte, das sich richtig anfühlt. Das wird natürlich umso schlimmer, je mehr wir uns darum bemühen und anstrengen, besonders, wenn wir es jemandem anderen zuliebe richtig machen wollen, wie einem Lehrer oder einer wichtigen Bezugsperson. Da kommt dann nämlich noch das Emotionale als Verstärker mit dazu. Das hatte Alexander auch schon bemerkt und dazu geschrieben:

> „Je größer der Wunsch des Schülers ist, dem Lehrer zu gehorchen, desto stärker ist in ihm der Antrieb, seine Bemühungen zu verdoppeln, und es ist so gut wie sicher, dass er bei seinen Versuchen, den Wunsch in die Tat umzusetzen, die bereits übermäßige Muskelspannung, die er normalerweise für diese Tätigkeit einsetzt, noch erhöht (…). Denn, je stärker sich der Schüler anstrengt, eine solche Anweisung zu befolgen, und je mehr er ‚willens‘ ist, Erfolg zu haben, desto ausgeprägter wird die Fehlsteuerung seines Gebrauches (…).“[100]

---

99 F. M. Alexander: Der Gebrauch des Selbst, Karger Verlag, 2001, S. 12
100 Ebenda, S. 35 und 38

Das habe ich leider auch in meiner Ausbildung zur Lehrerin der Alexander-Technik oft genug erfahren, und es spielen viele Faktoren mit hinein, sei es das eigene Ego, der Eigenwille, der Stolz und natürlich die Angst, nicht angenommen und geliebt zu sein, wenn man etwas nicht richtig macht. Ich glaube, dass viele Menschen diese Erfahrungen kennen, und dies zeigt einmal mehr die Notwendigkeit auf, in unserer Gesellschaft und in unser aller Umgang mit uns und mit anderen etwas zu verändern. Denn wie sehr wir mit unseren Gedanken über uns und die anderen alles verändern und uns selbst behindern, haben wir ja bereits besprochen. Bohm bezog das vor allem auf die fälschlich angenommene Trennung von uns selbst und der Umwelt und fasste das so zusammen:

> „Wenn man auf diese Weise die eigenen Erinnerungs-bedingten Reaktionen einer Wirklichkeit zuschreibt, die unabhängig von diesen Reaktionen ist, entsteht eine erneute ‚Rückkopplung', die zu vermehrten irrelevanten Gedanken über diese ‚unabhängige Wirklichkeit' führt. Diese Gedanken bringen dann noch weitere unzutreffende Erinnerungsreaktionen hervor, die zu dieser ‚unabhängigen Wirklichkeit' durch einen sich selbst erhaltenden Prozess beitragen, der sich in der Regel nur schwer durchbrechen lässt. Durch diese Art der Rückkopplung (…) wird schließlich die ganze Funktionsweise des Verstandes durcheinandergebracht."[101]

Aber wie können wir etwas verändern, wenn wir dabei stets so sehr scheitern?

---

101 David Bohm, Die Implizite Ordnung, Crotona Verlag, S. 93-94

Wir brauchen Vertrauen in unser Sein und unser Gut-Sein und in die Wahrnehmung dessen, dass da etwas schiefläuft, das wir ändern wollen. Und dann brauchen wir Vertrauen in den neuen Plan. Wir dürfen uns, wie früher bereits geschildert, eben nicht über unsere Gefühle von „richtig“ oder „falsch“ rückversichern wollen. Wir haben ja bereits vorher entschieden, was richtig ist. Also müssen wir das nun auch „durchziehen“. Alexander beschrieb das so:

„Angesichts dieser Tatsache musste ich einsehen, dass ich die Steuerungsprozesse meines Gebrauchs einer neuen Erfahrung unterstellen musste, wenn mir die gewünschte Veränderung im Gebrauch jemals gelingen sollte. Bei dieser neuen Erfahrung durfte nicht das Gefühl, sondern die Vernunft dominieren, und dies besonders in jenem kritischen Moment, wenn das Erteilen der Direktiven mit dem eigentlichen ‚Tun‘ verschmolz, mit dem ich mein Ziel erreichen wollte. Dies bedeutete, dass ich bereit sein musste, jedes Vorgehen weiterzuführen, das ich verstandesmäßig als das für meinen Zweck Beste hielt, selbst wenn es sich *falsch anfühlen* sollte. Mit anderen Worten: Mein Vertrauen in die Vernunftsvorgänge, die mich sicher ans ‚Ziel‘ bringen konnten, musste ungeteilt sein und nicht so halbherzig, dass es auch noch der Rückversicherung durch ein ‚richtiges Gefühl‘ bedurfte.“[102]

Das klingt anstrengend und etwas weltfremd, und das ist es vielleicht anfangs auch. Es führt aber zum Ziel, und es macht erstaunlich frei, wenn man sich nicht mehr von den ständigen Zweifeln beherrschen lässt, ob das eigene Tun nun richtig ist oder war. Und

102 F. M. Alexander: Der Gebrauch des Selbst, Karger Verlag, 2001, S. 23

es kann erstaunliche Phänomene hervorbringen. Plötzlich kann man erfahren, dass man sich mit einer erstaunlichen Leichtigkeit bewegt oder Dinge kann, die man vorher nie im Leben zu können glaubte. Noch einmal spannend wird es, wo Alexander beschreibt, dass wir es dabei keinesfalls auf ein „Versuchen“ beschränken dürfen; denn hierbei lassen wir uns von der Frage in die Irre führen, ob wir schaffen können, was wir uns vorgenommen haben, und rutschen dabei fast automatisch in unseren gewohnten Gebrauch, um uns zu bestätigen, dass wir tun, was „richtig“ ist. Dabei kommen auch wieder die Zweifel auf, ob wir es überhaupt können und richtig machen, und diese Anspannung verursacht uns solchen Stress, dass wir uns automatisch zu einem schlechten Körpergebrauch zusammenziehen und das tun, was sich im Notfall schon immer bewährt hat, auch wenn es uns auf lange Sicht nicht gut tat.

Als Ausweg daraus denke ich an dieser Stelle immer an den alten Jedi-Meister Yoda in dem Film „Star Wars – Das Imperium kehrt zurück“, der zu seinem Schüler Luke sagt:

> „Tu es oder tu es nicht! Es gibt kein Versuchen.“[103]

Meine Vorliebe für Star Wars bemerkte ich auch in meiner Ausbildung, als ich in einer Übung mit der Alexander-Technik einmal mit Mitstudenten Ball gespielt habe. Es war absolut unglaublich, dass ich die Bälle selbst als eingefleischter Rechtshänder spielend mit links fangen konnte. Es war geradezu so, als fielen die Bälle von selbst in meine Hand, sobald ich diese nur nach ihnen aus-

103 Star Wars – Das Imperium kehrt zurück

streckte. Damals dachte ich schmunzelnd, ich sei auf dem besten Wege, ein Jedi zu werden.

Wie bei allen großen Meistern – sei es nun realen oder fiktiven– ist einer der Schlüssel die Hingabe an den Moment und das Loslassen des eigenen Vermögens oder Können-Wollens, oder ganz einfach des eigenen Egos. Solange ich selbst noch etwas tun will, es richtig tun will und vielleicht dafür sogar eine Bestätigung von anderen erhalten will, bin ich nicht mehr im Moment, verpasse die Gegenwart und bin nur in meinen Erfahrungen aus der Vergangenheit oder den Sorgen vor der Zukunft. Das müssen wir alles loslassen und uns ganz dem Moment hingeben und schenken, um dann mit der Gegenwart beschenkt zu werden, wie ein anderer fiktiver Meister, nämlich die alte Schildkröte Meister Oogway in dem Film „Kung Fu Panda“ gesagt hat:

> „Du beschäftigst Dich zu viel damit, was war und was sein wird. Es gibt ein Sprichwort: Das Gestern ist Geschichte, das Morgen nur Gerüchte. Doch das Heute ist die Gegenwart und die zu erleben ist ein Geschenk.“[104]

Meister Eckhart nennt dies das gegenwärtige Nun.

104 Kung Fu Panda I

Das gegenwärtige Nun

Ohne Zeit

Meister Eckhart erklärte, dass es „in der Ewigkeit (…) kein Vor und kein Nach“ gibt und dass „was vor tausend Jahren geschehen ist und nach tausend Jahren geschehen wird und jetzt geschieht“[105], eins ist in der Ewigkeit sowie dass der Mensch bereits in seinem Leben Anteil an dieser Ewigkeit hat.

Die Zeit, die wir für gewöhnlich als unabhängige Größe betrachten und die abläuft, wie wir anhand des Sandes in der Uhr, der Bewegung der Himmelskörper, des eigenen Pulsschlages und dergleichen registrieren können, ist gar nicht so unabhängig, wie wir glauben. Sie kann uns subjektiv lang oder kurz erscheinen und ist nach der Relativitätstheorie abhängig vom Bewegungszustand des Betrachters. Zudem ist die Zeit mit dem Raum zu einem Raum-Zeit-Kontinuum verwoben, in dem sich die Dinge ereignen. Bohm betonte, dass in diesem Raum-Zeit-Kontinuum nach der gängigen Physik alles in einem Prozess aus punktuellen Ereignissen betrachtet wird, dass also stets nur ein kleiner Raum-Zeit-Bereich

105 Meister Eckhart, Deutsche Predigten und Traktate, Herausgegeben und übersetzt von Josef Quint, Diogenes Verlag, 1979, Predigt 25, S. 269

beobachtet wird. Stattdessen schlug er vor, einen Moment als Grundelement zu betrachten,

> „der sich, wie ein Moment des Bewusstseins, nicht genau auf eine Messung von Raum und Zeit beziehen lässt, sondern einen irgendwie vage definierten Bereich umfasst, der räumlich ausgedehnt ist und eine zeitliche Dauer besitzt.“[106]

Das müsste der Leserin oder dem Leser aus ihrer oder seiner Alltagserfahrung bekannt vorkommen, denn wenn man gefragt wird, wann etwas gerade passiert, was die Gegenwart oder das Jetzt ist, kommt man auf eine Zeitspanne von ein paar Sekunden, die man als gegenwärtig empfindet, etwa wie ein Atemzug. Das Besondere ist, dass jeder Moment laut Bohms Theorie alle anderen Momente in sich eingefaltet mitenthielte und somit mit allen anderen in Verbindung stehen würde.

Meister Eckhart erklärte Jahrhunderte vor Bohm noch etwas viel Spektakuläreres, das einem jedoch nach der Relativität der Zeit, die einen Zwilling im All anders altern lässt als einen daheimgebliebenen, auch wieder nicht so sehr verwundern dürfte:

> „Wäre der Geist allzeit mit Gott in dieser Kraft [= der höchsten Seelenkraft, Anmerkung der Autorin] vereint, der Mensch könnte nicht altern; denn das Nun, darin Gott den ersten Menschen schuf, und das Nun, darin der letzte Mensch vergehen wird, und das Nun, darin ich spreche, die

106 David Bohm, Die Implizite Ordnung, Crotona Verlag, S. 279

> sind gleich in Gott und sind nichts als ein Nun. Nun seht, der Mensch, wohnt in einem Lichte mit Gott; darum ist in ihm weder Leiden noch Zeitfolge, sondern eine gleichbleibende Ewigkeit. Diesem Menschen ist in Wahrheit alles Verwundern abgenommen, und alle Dinge stehen wesenhaft in ihm. Darum empfängt er nichts Neues von künftigen Dingen noch von irgendeinem ‚Zufall', denn er wohnt in einem Nun, allzeit neu, ohne Unterlass."[107]

In unserem Bewusstsein sind wir ohnehin frei von jeder Zeit, wenn wir sie uns nicht von außen durch Sorgen vor der Zukunft und Gedanken an die Vergangenheit wieder hineinholen. Im Traum erleben wir wieder eine ganz andere Zeit, und wir können in unseren Gedanken durch die Zeit reisen, als gäbe es sie nicht.

Wie aber können wir in dieser Ewigkeit leben?

Der indirekte Weg dorthin

> „Es gibt tatsächlich keinerlei direkte oder positive Schritte, die der Mensch unternehmen könnte, um mit dem Unermesslichen in Kontakt zu treten, denn dieses muss sich weit jenseits von allem befinden, was er mit seinem Verstand er-

107 Meister Eckhart, Deutsche Predigten und Traktate, Herausgegeben und übersetzt von Josef Quint, Diogenes Verlag, 1979, Predigt 2, S. 162

> fassen oder mit seinen eigenen Händen oder seinen Instrumenten vollbringen kann."[108]

Dies schrieb David Bohm und schuf damit erstaunlicherweise doch wieder eine Trennung, als ob er sich selbst nicht recht vorstellen konnte, in der Gegenwart Gottes zu leben. Das können wir aber, und wir können Gott auch erfassen, nur eben natürlich nicht mit unserem Verstand, wie wir ihn heutzutage meist begreifen, oder mit unseren äußeren Sinnen und Instrumenten, wie wir sie in der Wissenschaft nutzen. Bohm löste dieses Dilemma aber zumindest teilweise wieder auf, indem er schrieb:

> „Wir können diese Falle umgehen, indem wir uns bewusst sind, dass die Wirklichkeit des Wissens ein lebendiger Prozess ist, der sich im *Hier und Jetzt* abspielt (z.B. in diesem Raum). In solch einem konkreten Prozess befassen wir uns nicht nur mit der Bewegung des Wissens, als würden wir es von außen betrachten. Wir sind tatsächlich Teil dieser Bewegung und sind uns bewusst, dass dies wirklich passiert."[109]

Aber es geht eben nicht nur um uns selbst und darum, wie wir uns als Teil des Ganzen betrachten. Es geht auch um die Gegenwart Gottes in der Ewigkeit. Denn die Seele, genauer der Seelengrund, kann Gott in der Tiefe des Seins erfassen, weil dieser Seelenteil unmittelbar von Gott geschaffen ist und Gleiches sich als Gleiches erkennt. Dieser Seelengrund darf jedoch nicht vermischt oder überlagert werden mit allerlei äußerer Aktivität. Wenn wir selbst

108 David Bohm, Die Implizite Ordnung, Crotona Verlag, S. 48
109 Ebenda, S. 97

nur im Tun sind, verpassen wir Gott, weil wir immer nur wieder uns selbst finden.

Um uns von diesem übermäßigen Tun abzubringen und einen Weg in die innere Stille zu weisen, erklärte Meister Eckhart, dass es in einem Menschen einen äußeren und einen inneren Menschen gäbe:

> „Zu dem äußeren Menschen gehört alles, was der Seele anhaftet, jedoch umfangen ist von und vermischt mit dem Fleische, und mit und in einem jeglichen Gliede ein körperliches Zusammenwirken hat, wie etwa mit dem Auge, dem Ohr, der Zunge, der Hand und dergleichen. (…) Der andere Mensch, der in uns steckt, das ist der innere Mensch."[110]

In seinem Traktat von der Abgeschiedenheit verwendete er dazu das Bild einer Tür, die in ihrem Rahmen schwingt, der wiederum unbeweglich bleibt. Hier muss man etwas überkreuz denken, denn der innere Mensch soll hier der äußere Türrahmen sein, der sich nicht mitbewegt, egal was die Tür, also der äußere Mensch, auch gerade tut. Das ist eben die Abgeschiedenheit, von der ich eingangs schon sprach. Wir sollen ganz und gar von uns selbst und unserem Tun abgeschieden sein, gelassen und unbeeindruckt, was natürlich nicht unberührt bedeuten soll. Meister Eckhart nannte dies, wie bereits gesagt, auch „bei den Dingen stehen, statt in den Dingen"[111]. In der Alexander-Technik spricht man von einem Tun im Nicht-Tun.

---

110 Meister Eckhart, Deutsche Predigten und Traktate, Herausgegeben und übersetzt von Josef Quint, Diogenes Verlag, 1979, Vom edlen Menschen, S. 140

111 Ebenda, Predigt 28, S. 285

Es geht ja nicht darum, nichts mehr zu tun, sondern es geht darum, alle Dinge gelassen zu tun, ohne sich zu sehr selbst einzumischen. Meister Eckhart drückte die notwendige Beziehung zu allen Dingen und Taten so aus:

> „…dass ich so frei von Ich-Bindung an sie wäre, dass ich ihrer keines im Tun noch im Lassen, mit Vor noch mit Nach als mir zu eigen ergriffen hätte, dass ich vielmehr in diesem gegenwärtigen Nun frei und ledig stünde für den lieben Willen Gottes und ihn zu erfüllen ohne Unterlass (…).“[112]

Meister Eckhart betonte sehr drastisch, was es für den Menschen bedeute, Anteil an dieser Ewigkeit zu haben:

> „Wisset nun, alle unsere Vollkommenheit und alle unsere Seligkeit hängt daran, dass der Mensch durchschreite und hinausschreite über alle Geschaffenheit und alle Zeitlichkeit und alles Sein und eingehe in den Grund, der grundlos ist.“[113]

Und interessanterweise griff Bohm den Begriff des Grundes auf. Ob er Meister Eckharts Texte kannte, kann ich leider nicht sagen.

> „Auf diesem höherdimensionalen Grund herrscht die Implizite Ordnung vor. Auf diesem Grund ist die Bewegung das, *was ist*, und sie wird im Denken und durch die gleichzeitige Gegenwart vieler Phasen der Impliziten Ordnung repräsentiert. (…) Das grundlegende Gesetz ist dann das

112 Ebenda, Predigt 2, S. 159
113 Ebenda, Predigt 39, S. 342

> des unermesslichen multidimensionalen Grundes, und die Projektionen von diesem Grund entscheiden, was für Zeitordnungen es geben kann.“[114]

Wir erinnern uns: In der impliziten Ordnung ist alles eingefaltet zu einem Ganzen über Raum und Zeit hinweg. Aber von dort aus kann etwas entfaltet werden, das dann auch wieder der Zeitlichkeit unterliegt.

Besonders schön finde ich die Stelle, an der Bohm schrieb:

> „Obgleich wir keine genaue Vorstellung oder Kenntnis dieses Grundes besitzen, ist er dennoch in gewissem Sinne in unser Bewusstsein eingefaltet, und zwar in der von uns schon umrissenen Weise und vielleicht noch auf eine Art, die wir noch nicht entdeckt haben.“[115]

Hier zeigt sich der bescheidene Forscher, der sich nie am Ende seiner Erkenntnis weiß. Jedoch schließe ich aus dieser Aussage auch, dass er Meister Eckharts Texte vermutlich doch nicht kannte, denn diesen Seelengrund kann man nach der Ansicht und Erfahrung dieses geistigen Meisters nicht mit unseren bewährten, wissenschaftlichen Mitteln entdecken. Im Gegenteil: Man darf sich nicht einmal dessen bewusst sein, dass man ihn sucht. Denn das würde auch wieder sofort auf eine Trennung hinauslaufen. Wir müssen stattdessen einfach sein und leben und nicht darüber nachdenken, was wir gerade tun oder wer wir sind.

---

114 David Bohm, Die Implizite Ordnung, Crotona Verlag, S. 282 und 285
115 Ebenda, S. 286-287

Ich weiß, ich habe oben beschrieben, wie wichtig die Wahrnehmung und Reflexion auf dem Weg dorthin ist. An dieser Stelle muss dies jedoch aufhören. Die Trennung in Kopf, Körper und Geist und Außenwelt muss aufhören. Wie Bohm schon sagte, und wie es auch alle geistigen Meister betonen, ist der letzte Schritt nicht aus eigener Kraft geh-bar. Nicht so sehr, weil wir es nicht könnten und es immer ein Geschenk der Gnade ist. Sondern weil wir ihn nicht als Subjekt gehen dürfen, das getrennt von allem anderen wie Verb und Objekt ist. Vielleicht könnte man es so ausdrücken: nicht ich gehe diesen letzten Schritt, sondern es geht ihn in mir. Es geschieht einfach. Meister Eckhart drückte es als „ein lauteres In-sich-selbst-Stehen, wo es weder dies noch das gibt“[116] aus. Und etwas ausführlicher so:

> „Er [der Mensch, Anmerkung der Autorin] muss vielmehr so ledig sein allen Wissens, dass er nicht wisse, noch erkenne, noch empfinde, dass Gott in ihm lebt, – mehr noch: er soll ledig sein allen Erkennens, das in ihm lebt. Denn als der Mensch (noch) im ewigen Wesen Gottes stand, da lebte in ihm nichts anderes; was da lebte, das war er selber. So denn sagen wir, dass der Mensch ledig sein soll seines eigenen Wissens, wie er's tat, als er (noch) nicht war, und er lasse Gott wirken, was er wolle, und der Mensch stehe ledig.“[117]

Diese Ledigkeit oder Abgeschiedenheit erreichen wir mit der Alexander-Technik, wenn wir einfach dem gefassten neuen Plan

116 Meister Eckhart, Deutsche Predigten und Traktate, Herausgegeben und übersetzt von Josef Quint, Diogenes Verlag, Predigt 3, S. 167

117 Ebenda, Predigt 32, S. 305-306

folgen, ohne nachprüfen zu wollen, wie es uns dabei geht, ob wir das auch tun, ob es richtig ist oder dergleichen. Hier ist Hingabe gefragt. Eckhart riet dazu sehr pragmatisch:

> „Du solltest dich Gott mit allem ganz ergeben, und dann kümmere dich nicht darum, was er mit dem Seinigen tue."[118]

Das klingt nach Abstumpfung, ist es aber ganz und gar nicht. Hier kommt das wahre Leben zum Ausdruck, das nicht mehr eingeschränkt ist auf unsere bisherigen Erfahrungen und unsere voreiligen Schlüsse daraus. Eckhart nannte es eine:

> „Tatsache, dass Gott einer ist, der in sich selbst wirkt. Allhier in dieser Armut erlangt der Mensch das ewige Sein (wieder), das er gewesen ist und das er jetzt ist und das er ewiglich bleiben wird."[119]

Sehr tröstlich gab er uns noch Folgendes mit auf unseren indirekten Weg:

> „Niemand soll glauben, dass es schwer sei, hierzu zu gelangen, wenngleich es schwer klingt und auch schwer ist am Anfang und im Abscheiden und Absterben gegenüber allen Dingen. Aber, wenn man (erst) hineinkommt, so hat es nie ein leichteres, lustvolleres und liebenswerteres Leben gegeben."[120]

---

118 Ebenda, Reden der Unterweisung 11, S. 69
119 Ebenda, Predigt 32, S. 307
120 Ebenda, Predigt 36, S. 326

Die Einheit von allem

Zum Abschluss möchte ich noch etwas zu dieser Einheit in allem schreiben, um aufzuzeigen, wie der Mensch seit der Antike dabei war, diese zu begreifen und zu beschreiben und wie gut nun mit der modernen Quantenphysik alles zusammenpasst.

Zur der Zeit Meister Eckharts war die antike Lehre Platons von den geistigen Urbildern sehr verbreitet und mit dem christlichen Schöpfungsglauben übereingebracht worden. Man konnte sich gut vorstellen, dass alles in Gottes Plan geistig gedacht vorhanden war. Meister Eckhart griff die Idee der Urbilder auf und schrieb:

> „…alles, was hier stofflich ist, das ist dort in Gott Geist."[121]

Er erklärte dazu: „Gott wirkt oberhalb des Seins in der Weite, wo er sich regen kann; er wirkt im Nichtsein. Ehe es noch das Sein gab, wirkte Gott; er wirkte Sein, als es Sein noch nicht gab. (…) In Gott sind aller Dinge Urbilder gleich; aber sie sind ungleicher Dinge Urbilder."[122]

Und an anderer Stelle: „Hier sind alle Grasblättchen und Holz und Stein und alle Dinge Eines. (…) Ja, Holz und Stein und Knochen und alle Gräslein sind dort im Uranfang samt und sonders Eines gewesen."[123]

121 Ebenda, Predigt 29, S. 292
122 Ebenda, Predigt 10, S. 196-197
123 Ebenda, Predigt 24, S. 264 und 265

Ich mag diese Stelle besonders gerne, weil sie so poetisch und idyllisch und nach einem so schönen Leben klingt. Vor allem aber passt diese Aussage sehr gut zu Bohms Impliziter Ordnung, in der alles mit allem verbunden und eines ist, so wie eigentlich viele Menschen über die Jahrhunderte hinweg schon betont haben, dass eigentlich alles eins ist. Doch hat sich eben vor allem im Westen nach der Aufklärung eine sehr getrennte Art und Weise entwickelt, den Menschen in seiner Umwelt zu betrachten und sogar den Menschen selbst in Körper und Geist aufzuteilen, obwohl es keinen Vorgang gibt, der als rein körperlich oder als rein geistig bezeichnet werden könnte. Diese Erkenntnis spiegelt sich zwar in unserem Sprachgebrauch wider, wo wir nicht nur Nahrung, sondern auch Informationen „verdauen“ müssen, unsere Sorgen uns auf den Magen schlagen, uns vor Wut die Galle überläuft oder wir uns vor Angst in die Hosen machen. All dies findet inzwischen in der Psychosomatik seinen Eingang, ist uns in unserem Alltag jedoch eher unbewusst, und Bohm erkannte zurecht, dass Körper und Geist somit zwar als in Verbindung stehend, aber dennoch als getrennt betrachtet werden. Er schrieb, dass Körper und Geist natürlich in der Impliziten Ordnung in Verbindung stehen, und erklärte:

> „In der Impliziten Ordnung müssen wir es so ausdrücken, dass das Bewusstsein die Materie im Allgemeinen und den Körper daher im Besonderen einfaltet. Ganz ähnlich faltet der Körper nicht nur das Bewusstsein ein, sondern gewissermaßen auch das gesamte materielle Universum. Und zwar (…) geschieht dies sowohl über die Sinne als auch dadurch, dass die den Körper bildenden Atome eigentlich

> Strukturen sind, die prinzipiell überall im Raum eingefaltet sind.“[124]

David Bohm schuf damit eine sehr spannende Betrachtungsweise, indem er betonte, dass wir aus den gleichen Atomen und Quanten aufgebaut sind, wie der Rest der Welt. Wenn wir beginnen, uns mit der Quantenphysik auseinanderzusetzen, könnten wir meinen, dass nur etwas, das durch unsere Sinne wahrgenommen werden kann, explizit, also in Form von Fakten real sein könne, alles andere auf Quantenebene aber nicht, sondern nur implizit als Wahrscheinlichkeit. Bohm drehte nun diese Betrachtungsweise sogar als Möglichkeit um und schrieb:

> „Gemäß des erweiterten Relativitätsprinzips kann man jedoch genauso gut die ‚Elektronenordnung‘ als explizit und die Sinnenordnung als implizit annehmen. Damit versetzen wir uns (bildlich gesprochen) in die Lage des ‚Elektrons‘ und verstehen letzteres dann, indem wir uns ihm assimilieren und es uns. Dies führt offenbar zu einer durchdringenden Ganzheit in unserem Denken, (…) oder zu einem ‚alles impliziert alles‘, und zwar in dem Maße, dass ‚wir selbst‘ mit ‚allem, was wir sehen und worüber wir nachdenken‘ impliziert sind. Damit sind wir überall und zu jedem Zeitpunkt, allerdings nur implizit (also indirekt) gegenwärtig.“[125]

---

124 David Bohm, Die Implizite Ordnung, Crotona Verlag, S. 281-282
125 Ebenda, S. 227-228

Hier klingt die Entsprechung aus dem sicherlich vielen bekannten Gesetz der Analogie an:

> „Wie oben, so unten; wie innen, so außen; wie der Geist, so der Körper."[126]

Hier geht es aber nicht nur um ein Widerspiegeln der Innenwelt in der Außenwelt oder andersherum, sondern um die Einheit von allem, weil alles aus den gleichen Strukturen mit den gleichen Verbindungen besteht. Und letztlich wirklich um eine tiefe Einheit in allen, weil es keine Trennung mehr darin gibt, wer hier als Subjekt wen als Objekt betrachtet, sondern um eine tiefe gleichwertige Beziehung über Raum und Zeit, Körper und Gedanken hinweg. Bohm schrieb dazu:

> „Damit wollen wir nun darüber hinaus vorschlagen, dass die umfassendere, tiefere und innerlichere Wirklichkeit weder Bewusstsein noch Körper ist, sondern eine noch höherdimensionale Wirklichkeit, die ihre gemeinsame Basis darstellt und ihrem Wesen nach jenseits von beiden ist."[127]

Hier, an diesem Seelengrund nach Meister Eckhart, sind wir eben eines mit allem:

> „Hier ist Gottes Grund mein Grund und mein Grund Gottes Grund."[128]

---

126 https://de.wikipedia.org/wiki/Kybalion, 07.06.2022, 14:50
127 David Bohm, Die Implizite Ordnung, Crotona Verlag, S. 282
128 Meister Eckhart, Deutsche Predigten und Traktate, Herausgegeben und übersetzt von Josef Quint, Diogenes Verlag, Predigt 6, S. 180

Dieses Ganze kann man auch nicht mehr fassen, da es keine Teile mehr gibt, die man fassen könnte oder ein getrenntes Bewusstsein, das etwas zu fassen vermöge. Hier geht es um das reine Sein in der Einheit von allem, was existiert, und um die Einheit mit Gott. Meister Eckhart schrieb dazu:

> „Man soll Gott nicht als außerhalb von einem selbst erfassen und ansehen, sondern als mein Eigen und als das, was in einem ist; zudem soll man nicht dienen noch wirken um irgendein Warum, weder um Gott, noch um der eigenen Ehre noch um irgendetwas, was außerhalb von einem ist, sondern einzig um dessen willen, was das eigene Sein und das eigene Leben in einem ist."[129]

Viele Menschen sind auf der Suche nach einem geistlich erfüllten Leben und flüchten sich in die äußere Einsamkeit. Doch vergessen sie dabei, dass wir unser Leben im Äußeren entfalten müssen. Andere wiederum sehen in Hingabe Selbstaufgabe und verwechseln die Aufgabe von Selbstsucht und Egoismus damit, sich selbst nicht mehr treu zu sein und vernachlässigen sich und ihre eigenen Bedürfnisse dabei sogar ganz. Ich glaube, dass beides am Eigentlichen vorbei geht. Ich glaube, es geht darum, aus der Kontemplation und der Einkehr in die Tat zu kommen und die erfahrene Barmherzigkeit und erlernte Herzensgüte mit den Menschen zu teilen, um die Welt besser zu machen. Meister Eckhart mahnte uns dazu:

---

129 Ebenda, Predigt 7, S. 186

> „Nicht als ob man seinem Inneren entweichen oder entfallen oder absagen solle, sondern gerade in ihm und mit ihm und aus ihm soll man so wirken lernen, dass man die Innerlichkeit ausbrechen lasse in die Wirksamkeit und die Wirksamkeit hineinleite in die Innerlichkeit und dass man sich so gewöhne, ungezwungen zu wirken.“[130]

Und schließlich: „Und darum gehe in deinen inneren Grund und wirke dort; die Werke aber, die du dort wirkst, die sind alle lebendig.“[131]

Ich wünsche uns allen und der ganzen Welt die Erkenntnis dieser Einheit, der Leichtigkeit, Lebendigkeit und Glückseligkeit, sowie den inneren und äußeren Frieden, der sich daraus ergibt.

---

130 Ebenda, Reden der Unterweisung 23, S. 94
131 Ebenda, Predigt 25, S. 268

Literatur

Frederik Matthias Alexander: Die konstruktive bewusste Kontrolle des individuellen Menschen, Karger Verlag, 2006

Frederik Matthias Alexander: Der Gebrauch des Selbst, Karger Verlag, 2001

Frederik Matthias Alexander: Die universelle Konstante im Leben, Karger Verlag, 2000

David Bohm: Die implizite Ordnung, Grundlagen eines ganzheitlichen Weltbildes, Crotona Verlag, 2018

Timothy Cacciatore et al., Potenzial Mechanisms of the Alexander Technique: Toward a Comprehensive Neurophysiological Model, Kinesiology Review, Human Kinetics, Inc., 2020

Hans-Peter Dürr (Hrsg.): Physik & Transzendenz – Die großen Physiker unserer Zeit über ihre Begegnung mit dem Wunderbaren, Driediger, 2010

Meister Eckhart: Deutsche Predigten und Traktate, herausgegeben von Josef Quint, Diogenes Verlag, 1979

Einheitsübersetzung der Heiligen Schrift, Katholische Bibelanstalt GmbH, 1980

Ian Loram et al., Proactive Selective Inhibition Targeted at the Neck Muscles: This Proximal Constraint Facilitates Learning and Regulates Global Control, IEEE Transactions on Neural Systems and Rehabilitation Engeneering, Vol. 25, No. 4, April 2017

Thomas Mergner, et al.: Vestibular-neck interactions and transformation of sensory coordinates, Journal of Vestibular Research, Vol. 7, No. 4, pp. 347-367, 1997, Elsevier Science Inc.

Carlo Rovelli: Die Wirklichkeit, die nicht so ist, wie sie scheint, Rowohlt Verlag, 2017

Renée Weber: Alles Leben ist eins – Die Begegnung von Quantenphysik und Mystik, Crotona Verlag, 2012

Filme

Momo, Film von Johannes Schaaf nach dem gleichnamigen Roman von Michael Ende, Produktion Horst Wendlandt, 1986

Star Wars – Das Imperium schlägt zurück, Film von George Lucas und Irvin Kershner, 20th Century Fox, 1980

Kung Fu Panda, Film von Mark Osborne und John Stevenson, Dreamworks Animation, 2008

Danke...

… an meine liebe Freundin Ursula Albrecht, die mir immer wieder den Mut und den nötigen Schubs gibt, über die Wellen zu springen.

… an P. Provinzial Thomas Gabriel Brogl OP, der mich zuerst mit Meister Eckhart in Kontakt brachte und den Grundstein zu allem legte.

… an meine Ausbilder in der F. M. Alexander-Technik Aranka Fortwängler und Michael Fortwängler, sowie Cathy Madden, Shmuel Nelken und Giora Pinkas.

… an meine Alexander-Technik-Kollegin und liebe Freundin Rosa Luisa Rossi für unsere gegenseitige Unterstützung und Inspiration.

… an meinen Alexander-Technik-Kollegen und guten Freund Daniel Forsnabba für seine Unterstützung bei der Recherche und den gemeinsamen Weg und Austausch über jede Entfernung hinweg.

… an Prof. Dr. Thomas Mergner für die Begleitung meiner Doktorarbeit und die Einführung in die Koordinatentransformation und Computer-Simulation.

… an Annette Wagner und den Crotona Verlag.

… und nicht zuletzt an Gott, der mir die Erkenntnisse Eckharts, Alexanders und Bohms aus so unterschiedlichen Kontexten und Epochen auf meinem Lebensweg quasi vor die Füße gelegt hat, so dass ich nur darüber stolpern und staunen konnte, wie gut sie zusammenpassen.

Die Autorin

Dr. Joanna Maria Otto, 1975 in Berlin geboren, studierte Biologie an der Universität Freiburg und promovierte am Neurozentrum des Universitätsklinikums Freiburg. Anschließend ließ sie sich zur Lehrerin der F.M. Alexander-Technik ausbilden und arbeitete fünf Jahre in einem Forschungslabor der Augenklinik Freiburg zum Thema Räumliches Sehen. Von 2011–2014 lebte sie als kontemplative Dominikanerin in einem Kloster in der Nähe von Osnabrück. Heute lebt sie in der Nähe von Regensburg.

David Bohm
Die Implizite Ordnung
Grundlagen eines ganzheitlichen Weltbildes

David Bohm gilt heute als einer der genialen Vordenker einer neuen Interpretation der Quantenphysik. Seine Gedanken über eine „Implizite Ordnung" oder eine holistische Interpretation wissenschaftlicher Erkenntnisse gelten als bahnbrechend.
Bohm beeinflusste mit seinen Ausführungen eine ganze Generation von Naturwissenschaftlern und erschloss durch seine enge Freundschaft sowohl mit Krishnamurti als auch mit dem Dalai Lama weite spirituelle Kreise für seine Ideen einer neuen Physik.
Gerade die neuesten naturwissenschaftlichen Erkenntnisse bestätigen auf eindrucksvolle Weise, wie weitblickend Bohms außergewöhnlicher Ansatz war. Es zeigt sich immer deutlicher, welche geheimnisvolle Ordnung hinter allen Geschehnisse waltet und dass eines inzwischen feststeht: Gott würfelt nicht!
ISBN: 978-3-86191-100-5

Joanna Maria Otto
Quantenphysik und Meister Eckhart
Die mystische Dimension der Naturwissenschaft

Die Vorstellung einer „unio mystica", einer großen Einheitserfahrung, stand im Zentrum der mittelalterlichen Mystik. Vielleicht war es ihren größten Repräsentanten vergönnt, diese EINHEIT DES LEBENS tatsächlich zu erschauen. Meister Eckhart steht in der Reihe wichtiger Namen ganz oben. Seine Innenschau, deren Einsichten er teilweise nur durch eine Sprache „mystischer Paradoxa" auszudrücken vermochte, bietet heute möglicherweise einen Schlüssel, um die außergewöhnlichen Phänomene zu verstehen, die in der modernen Quantenphysik auftreten.
Ein neuer, ganzheitlicher Zugang, um die mögliche Verbindung in den tiefsten Erkenntnissen von Mystik und Physik aufzuzeigen.
ISBN: 978-3-86191-105-0